王 敏 著

平和的实践丛书 2

岚山的周恩来

【难忘日本！

成　　天　　三和書籍　　平　　地

百年后的验证
岚山的周恩来
—— 日本的大禹·角仓了以、禅师隐元和高泉

践行和平论坛代表／法政大学教授
王 敏

摘要

1919年4月5日，周恩来在结束留日生活、归国之前冒雨探访了位于京都的名胜：岚山。为探明周恩来为什么两次雨中游岚山的原由，笔者根据周恩来当年的诗作《雨中岚山》中所描述的内容多次进行考察和研究，发现了其间的隐形线路以及沿途的亮点。他们是被誉为日本的大禹·角仓了以、黄檗宗和煎茶道的传播者·隐元及其弟子高泉。

百年后的今天，岚山依然是中国游客的首选。因为其间的亮点一如既往、引人入魂。这一事实告诉我们，至少从1919年以来，岚山的人文景观风采如故，中国人所向往的精神内涵依然润物细无声。

岚山的亮点何在？青年周恩来与当代中国游客求索何方？但愿拙作抛砖引玉，相信读者自有感悟。

目录

第一章　《雨中岚山》的隐形路线……………………………006
　一，告别日本………………………………………………006
　二，岚山的人文地理简介…………………………………008
　三，日本的大禹·角仓了以………………………………011
　四，大悲阁千光寺与隐元的日本人生……………………015
　五，《雨中岚山》中的隐形地图…………………………024
　六，邂逅高泉性潡的诗碑…………………………………031

第二章　雨中二次游岚山的原由………………………………039
　一，治水家史………………………………………………039
　二，祭祖习俗………………………………………………041
　三，入魂的大禹精神………………………………………048
　四，探究中日混成文化的亮点……………………………051
　五，人文关怀的视角………………………………………057
　六，中学时代的日本观……………………………………061

第三章　"疏通"引来民间外交………………………………066
　一，对日民间外交的启示…………………………………066
　二，对日民间外交的实践…………………………………069
　三，民间外交的定义（资料简介）………………………078
　四，民间外交的思想及其研究（资料简介）……………089
　五，樱花情节的绽彩………………………………………096

第四章　周恩来与法政大学……………………………………114
　一，中村哲校长的见解……………………………………114
　二，原法政大学社会学部教授柘植秀臣的观点…………119
　三，原法政大学校长大内兵卫教授引以为傲的经历……120
　四，法政大学教职员所著纪念周恩来在附属高等预备校留学
　　　的相关文章……………………………………………122

五，法政大学现存资料中有关附属东京高等预备校
　　　　（1910-1924年）的记载⋯⋯⋯⋯⋯⋯⋯⋯⋯⋯⋯128
　　六，对周恩来留日日记的考察⋯⋯⋯⋯⋯⋯⋯⋯⋯⋯130
　　七，范源廉与法政大学⋯⋯⋯⋯⋯⋯⋯⋯⋯⋯⋯⋯⋯134
　　八，周恩来留日的特点⋯⋯⋯⋯⋯⋯⋯⋯⋯⋯⋯⋯⋯141
　　九，周恩来留日研究的相关课题⋯⋯⋯⋯⋯⋯⋯⋯⋯144

第五章　辛亥革命和中国的日本留学⋯⋯⋯⋯⋯⋯⋯⋯162
　　一，日本法政大学清国留学生法政速成科的开创背景⋯⋯162
　　二，法政速成科的特点⋯⋯⋯⋯⋯⋯⋯⋯⋯⋯⋯⋯⋯165
　　三，法政速成科的教学内容与辛亥革命的关系⋯⋯⋯⋯167
　　四，"留学生取缔规则"事件与法政速成科的终止⋯⋯⋯178
　　五，历史的小结⋯⋯⋯⋯⋯⋯⋯⋯⋯⋯⋯⋯⋯⋯⋯⋯183

第六章　日本的大禹信仰文化初探⋯⋯⋯⋯⋯⋯⋯⋯⋯186
　　一，概述⋯⋯⋯⋯⋯⋯⋯⋯⋯⋯⋯⋯⋯⋯⋯⋯⋯⋯⋯187
　　二，对日本大禹信仰文化现状的考察⋯⋯⋯⋯⋯⋯⋯⋯193
　　三，让大禹说明东亚的文化关系，
　　　　让大禹引领重新审视汉字文化圈的作用⋯⋯⋯⋯⋯208

余论　日本的禹王信仰现存形态及其现代价值⋯⋯⋯⋯212
　　一，对于日本的大禹信仰的研究背景简介⋯⋯⋯⋯⋯⋯215
　　二，对大川三岛神社的天花板汉诗
　　　　（静冈县东伊豆町大川温泉地区）的调查⋯⋯⋯⋯⋯218
　　三，京都御所《大禹戒酒防微图》入主日本的脉络⋯⋯⋯222
　　四，时代精神和禹王信仰的现代价值⋯⋯⋯⋯⋯⋯⋯⋯228
　　五，日本禹王信仰研究的课题⋯⋯⋯⋯⋯⋯⋯⋯⋯⋯236

后记⋯⋯⋯⋯⋯⋯⋯⋯⋯⋯⋯⋯⋯⋯⋯⋯⋯⋯⋯⋯⋯245

第一章
《雨中岚山》的隐形路线

一，告别日本

周恩来（1898～1976）又名翔宇、大鸾、五豪。祖籍浙江省绍兴市。1898 年 3 月 5 日出生于江苏省淮安市，1917 年在天津南开学校毕业后赴日本求学。1919 年回国，9 月入南开大学，1920 年去欧洲勤工俭学。1921 年加入中国共产党，为建设新中国出生入死。1949 年出任新中国的首届总理，直至 1976 年 1 月 8 日逝世。1972 年 9 月 29 日，与日本的田中角荣首相在北京共同发表了建立两国永久和平友好的联合声明。尤为日本各界所敬重。

1917 年 9 月，周恩来寄语友人下述咏志诗之后东渡留日，10 月，进入东京神田区东亚高等预备学校补习日文。为报考东

周恩来赴日本东京求学时的照片。
（来源百度）

大江歌罢掉头东，邃密群济世穷。
面壁十年图破壁，难酬蹈海亦英雄。[1]

京高等师范学校或东京第一高等学校而做准备。同时希望通过亲身考察和学习,借鉴日本社会的发展经验来寻求拯救中国的方案。然而,得知母校南开中学将开办大学部的消息之后,周恩来决定返回母校深造。1919 年 9 月 26 日,周恩来成为南开大学的第一批文科生,学号是 62 号。

周恩来为什么放弃在日本继续求学?据《觉悟》2007 年第 1 期所刊载的徐行论文《周恩来早年的留日历程与思想转变》的分析,"日本军国主义的侵略行径和国内阶级压迫的严酷现实使他对日本社会越来越感到失望,十月革命的胜利和马克思主义的广泛传播促使他改变了原来的想法。"

除此之外,笔者认为,在大致了解和体验了日本社会的基础之上,以日本为鉴,周恩来相对的加深了对中国国情特色的认识和领悟,进而选择了对接本土,学以致用的方向。也就说,他的去向选择并没有受到地域的限制,因为他注重的是选择的主体,即自身如何在治国实践中得到更大的发展。对此,周恩来在下述聚会时的诗作中已做尽言。

1919 年 3 月,告别东京前夕,南开校友张鸿浩等人设宴为周恩来饯行。周恩来再次将东渡日本之前的咏志诗作"大江歌罢掉头东",写在 96 公分长,30 公分宽的横幅上,并在诗后附言:"右诗乃吾十九岁东渡时所作,浪荡年余,忽又以落第,返国图他兴。整装待发,行别诸友。""轮扉兄以旧游邀来共酌,并伴以子鱼,慕天,醉罢此书,留为再别纪念,兼志吾意志不坚之过,以自督耳!"[2]

1919 年 3 月到 4 月中旬,周恩来在归国前逗留京都一月之久,对历史文化古都京都进行了独具风格的考察,并留下了四首抒怀诗。[3] 其中,《雨中岚山》被日本友人篆刻在石碑之上。

4 月中旬,周恩来离开京都,乘船从神户出港,经日本著名的明石海峡，进入日本濑户内海，途经门司、北九州，通过济州海峡，回归阔别一年半之久的祖国。[4]

二，岚山的人文地理简介

1971年1月29日，周恩来在人民大会堂会见日本乒乓球协会后藤钾二会长一行时特意提及说："我归国前在京都停留了一个多月。曾坐船穿越山洞，前往琵琶湖。琵琶湖十分美丽[5]。"

位于琵琶湖西南的京都，八世纪末成为日本的首都"平安京"，整个古城仿照同时代唐代长安和洛阳城的建筑式样，现在，除京都御所（即旧皇宫）、二条城等名胜古迹以外，京都依然完好保存着昔日的古都风貌，拥有1500多所寺庙和200余座神社。

岚山是日本京都府京都市的一个观光地，是赏樱观枫的佳境名所。"岚山"的地名原本是专指位于桂川右岸、属于京都市西京区一部分的岚山地区，而河对岸、属于右京区的地区则名为嵯峨野，但近年来观光导览资料都概括性地将以横跨桂川的渡月桥为中心之河左右两岸周边地区，合称为岚山。

岚山标高381.5米，东北面是嵯峨野，东面与大泽、广泽和宇多野相接，西面有小仓山，北部有著名的大堰川。其上游的保津川，水流湍急，古来水难多发。下游叫桂川，有长达154米的渡月桥连接两岸，是岚山的象征。此外，桥畔有岚山公园、龟山公园和天龙寺等亮点。山中有大悲阁千光寺、法轮寺、小督冢等名胜。

而天龙寺原本是1339年为吊唁后醍醐天皇而建的临济宗大本山，全称是天龙资圣禅寺。1994年作为古都京都文化财产之一被列入世界遗产。呵护岚山的另一世界遗产是法隆寺，又叫斑鸠寺，建于七世纪，是圣德太子（574-622）为传播佛教而建的木制寺庙。由金堂、五重塔为中心的西院伽蓝，梦殿为中心的东

大堰川的上游/保津川（摄影　孔鑫梓）

大堰川的下游/桂川（摄影　孔鑫梓）

院伽蓝组成，共占地 18.7 万平方米。其中西院伽蓝是现存最古老的木制建筑群。法隆寺建筑物群和法起寺共同在 1993 年申遗成功。

岚山自古都时代起就成为贵族别墅首选。建于十七世纪初的经典庭院桂离宫就是其中之一。桂离宫本为 300 年前的皇家别宫，整体面积为 6 万 9 千平方米，其中，庭院部分为 5 万 8 千平方米。自建成以来，从没有遭到火灾之类的灾害，如今几乎完整地保留着当时的原汁原味。桂离宫现在由宫内厅管理，参观者须提前向宫内厅京都事务所申请。

岚山地区的象征是渡月桥，其名与第 90 代天皇龟山天皇（1249－1305）的诗作有关。桥名就源出其"月满桥渡"的诗句。自古岚山地灵，三位天皇择此安葬。他们是第 88 代天皇后嵯峨天皇（1220－1272）、第 90 代天皇龟山天皇（1249－1305）、第 91 代天皇后宇多天皇（1267－1324）。三位天皇生前都酷爱岚山的风花雪月，他们咏颂樱花的名句分别被收录于镰仓时代的《续古今和歌集（しょくこきんわかしゅう）》、室町时代的《新千载和歌集（しんせんざいわかしゅう）》，成为日本人人皆知的绝唱。

岚山一带早在 1910 年前后就开辟了两座公园：以左岸为界的岚山公园和以右岸为界的龟山公园。由此引来参拜游客络绎不绝,繁荣了古往今来的观光行业。山清水秀,春樱秋枫,有"京都第一名胜"之称。

在龟山公园南口近处,有周恩来纪念诗碑。石碑使用深褐色的京都名石"鞍马石",高1.3米、宽2.2米。碑身、碑座与周围的树木融为一体,仿若天成。1978年,由已经九十高龄的日本国际贸易促进会京都总局局长吉村孙三郎等日本友好人士和日中友好团体的发起,筹建周恩来纪念诗碑的倡议得以实施。纪念诗碑正面镌刻着周恩来的《雨中岚山》,背面铭刻着为诗碑建成作出贡献的团体和代表的名字。

包括上述主要景点的岚山游览略图
【参考网站】
https://ja.wikipedia.org/wiki/%E5%B5%90%E5%B1%B1
https://ja.wikipedia.org/wiki/%E4%BA%80%E5%B1%B1%E5%85%AC%E5%9C%92_(%E4%BA%AC%E9%83%BD%E5%B8%82)
https://rlx.jp/magazine/kinki/44182.html
https://www.baicheng.com/tickets/48692.html

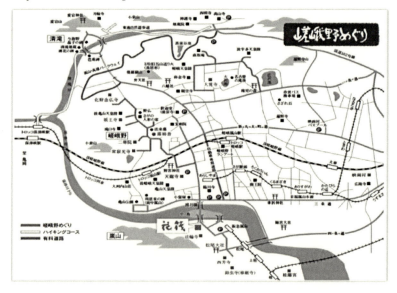

三，日本的大禹・角仓了以

周恩来诗碑的近邻是被誉为日本的大禹、水运专家角仓了以的铜像。它始建于 1912 年。该铜像在二战中遭到破坏，1988 年得以重建。尽管建立的年代不同，而今的铜像似与周恩来的诗碑遥相呼应。

据井上颖缵的论文「亀岡盆地における大堰川流路変遷の復原」(《人文地理第 21 巻 6 号》p 91-100 1969 年)、武藤信夫・佐藤阳一「角倉了以・素庵 – 世界に先駆け、経営倫理を実践 –」(《日本経営倫理学会誌第 9 号》p 115-123 2002 年) 等论作的记述，日本与明朝一直持续的勘合贸易（明朝与别国通商时的正式使节船贸易）虽然由于战争动乱一度中断，当丰臣秀吉一统天下之后，在 1592 年（文禄元年）又得以重新启动。显然这与世界局势有所关联。因为十六世纪中叶，世界进入了大航海的时代。而日本却是实行锁国政策的江户时代初期。受时代所限，尽管日本也有凤毛麟角者试图赶上航海时代的潮流，却唯有角仓了以成功的往返海外十七次之多，积蓄了常人不可及的巨富。

角仓了以（1554--1614）出身于医疗世家。自祖父这一代

龟山公园的角仓了以铜像　　　　　　　　　　　王敏摄影

起，角仓家除行医之外还兼营商务。1592年（文禄元年）角仓了以依然投身海洋贸易，获得丰臣秀吉（1536-1598）、德川家康（1542-1616）等统领颁发的朱印状，开始了"朱印船"贸易，一跃成为开辟日本海运的豪商。角仓了以还获准开凿流经京都西部的大堰川的上游保津川，仅用六个月的时间便疏通了30公里的船运航线，造福各界。而创造这前所未有的奇迹之精神则源自大禹。「前桥旧藏闻书　六」等各种资料表明，以大禹为鉴的角仓了以，终日手持开山斧，和劳工们奋战在开凿现场。完工之后，角仓了以还引进航运技术和人才，安置其家属落户垦荒，今天的京都市右京区就是当时的现场。直至今日，那里还保留着纪念角仓了以伟业的地名：嵯峨角仓町。晚年的角仓了以相继开凿了富士川、天龙川、高濑川等。就在高濑川工程完工之际，角仓了以告别了人间。享年61岁。

接下来让我们对角仓了以生活过的时代背景以及相关资料进行更多的了解。

"朱印船"指的是获得当时日本政府许可，拥有"跨国海运朱印状"（译文：国际海运许可证）的船队。航程大致由长崎出发，到达台湾、澳门、泰国、马来西亚等东南亚地区，以至马六甲地区。朱印船贸易开启了日本的大航海时代，日本作为世界上的少

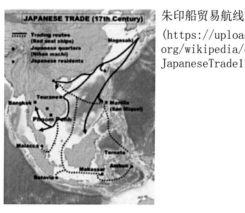

朱印船贸易航线
(https://upload.wikimedia.org/wikipedia/commons/7/76/JapaneseTrade17thCentury.jpg)

数产银国之一，通过白银贸易不断增强了国力。角仓了以正是因为跻身参与了朱印船贸易，从而致富发家的。角仓了以还以"穷则独善其身，富则兼济天下"为理念，利用在东南亚地区开展海运贸易所获取的巨大利益，投身更加广泛的水运河道的开凿，以求日本尽早国富民强。

流经岚山的大堰川是桂川和保津川的统称，上游叫保津川，下游叫桂川。它经由丹波山地、园部盆地以及龟冈盆地，直至京都盆地与淀川汇流。属于淀川水系，也是流经京都的一级水系。大堰川的水利工程因历经多次改变航线的磨难，使得母体受损，繁衍出水涝灾害的劳疾。

1605年（庆长10年），幕府批准了对保津川的开凿请愿之支持。角仓家族克服困难重重，仅用半年时间就完成了开凿工程，获得了当局的高度认可，继而他们还受命主宰富士川、高濑川等运河的工程。而后，角仓了以又奉命开凿天龙川。却由于难度过大，不得已中途停工。角仓了以也因终年劳累，壮志未酬身先死。

晚年的角仓了以立下遗志，发誓余生为水运事业而献身的劳工们念佛超度，死后葬身守护劳工亡灵的大悲阁千光寺中。因此，后人在他的墓前立了一座手持开山斧的木制雕像。然而，该陵墓在一场自然灾害中遇难。于是，角仓了以的陵墓被转移到附近的二尊院中，那里还葬有角仓了以的妻子、儿子以及其他家眷。

角仓了以墓
(http://www.uchiyama.info/oriori/image/shiseki/bochi/suminokura/10.jpg)

角仓了以由于早婚，和长子角仓素庵仅仅相差17岁，因此，父子二人像兄弟一样联手经营土木工程、纺织品制造、海外贸易等事业，开辟了角仓一族的商业帝国。尤其是在国际贸易方面，角仓家获得了巨大的成功和利益。1611年（长庆16年），角仓了以将独家占有的朱印船许可证资格转让给长子素庵，从国贸行业的第一线退隐。但是，角仓了以并没有转向闲云野鹤的隐居，而是终日为劳工们念佛祷告，同时献身公共基础建设，为民众福利和社会发展做出了前无古人的独特贡献，获得了不可或缺的地位。

其子素庵（1571-1632）继承父业，也从事贸易及水利工程建设，致力于国内河流开发。一度被任命为淀川转运使、巨型木材采运使以及近江国坂田郡的县令。在国际贸易领域被誉为日本国大使。他还派遣角仓船，向拓展海运进军。另外，角仓素庵师从大儒家藤原惺窝，在学问方面也颇有建树。还与书法家、画家本阿弥光悦合力出版了嵯峨本，创设了角仓流书道，在文化、艺术史上占有举足轻重的地位。

根据大辞泉的解说，"嵯峨本"的"嵯峨"是指京都的嵯峨一带，"本"指本阿弥光悦和角仓素庵共同发行的木制活字版本。该版本的特色是装帧新颖别致，促进了日式豪华版书籍的诞生。

以上简要的介绍了日本的"大禹"角仓了以以及其长子素庵的贡献。角仓家族至今依然深受日本人民的爱戴。人们感恩角仓了以，将他誉为"水运之父"、大禹式的国民英雄。显然，角仓了以所传承的大禹精神也被其子角仓素庵所继承。这父子两代的精神又与其家纹的含义同出一辙。其家纹叫做片喰纹，源自路旁田间的野草"片叶三"。因为它所开放的微型小花只有三片可怜的花瓣。又因古时人们用其草叶磨擦镜面，别名又叫镜草。取其再生能力异常旺盛之寓意，人们习惯将"片叶三"藏进钱包，希冀着发财走运。故片叶三还被叫做"黄金草"。大概这普通的野草内涵了普通人的共同愿望。"片叶三"在日本十大家纹中占据第二位之高。

四，大悲阁千光寺与隐元的日本人生

大悲阁千光寺位于京都府京都市西京区岚山中尾下町62号，1614年由角仓了以建成。原本从属三大禅宗之一的天台宗，尔后在1808年（文化5年）改为黄檗宗。山号叫岚山，寺号全称是大悲阁千光寺。

自六世纪佛教经中国传入日本以来，有13个代表性宗派落地日本繁衍。其中，禅宗又分为三派：临济宗、曹洞宗、黄檗宗。黄檗宗的规模仅次于临济宗和曹洞宗。大本山为京都府宇治市的万福寺，山号黄檗山，开山始祖是1654年应邀赴日传教的隐元隆琦（1592--1673年）。

日本具有代表性的13个宗派参考表 源自公网
http://tobifudo.jp/newmon/etc/shuha.html

系 统	宗派名	开祖·别名	生年-没年	
奈良佛教系	法相宗			
	律 宗			
	华严宗			
密教系	真言宗	空海 弘法大师	774-835	
密教＆法华系	天台宗	最澄 传教大师	767-822	
法华系	日莲宗	日莲 立正大师	1222-1282	
净土系	净土宗	源空 円光大师	1133-1212	法然
	净土真宗	亲鸾 見真大师	1173-1262	
	融通念佛宗	良忍 圣应大师	1072-1132	
	时 宗	智真 证诚大师	1239-1289	一遍
禅 系	临济宗	荣西 千光法师	1141-1215	
	曹洞宗	荣西 千光法师	1141-1215	
	黄檗宗	隐元 真空大师	1592-1673	

隐元俗姓林氏，出身地为中国福建省福州府福清县万安乡灵得里东林。1620年2月19日，隐元在家乡黄檗山万福寺剃度出家。之后周游各地，遍访名师，跟随浙江省嘉兴府海盐县金粟山广慧寺的高僧密云圆悟参禅。1630年、隐元随侍密云圆悟进住黄檗。1634年春，隐元继费隐成为临济宗第三十二代直系传人。1637年--1644年，担任黄檗山万福寺的住持。之后又相继担任浙江省嘉兴府的福严寺、福建省福州府龙泉寺的住持。1646年起至1654年，隐元再任黄檗山万福寺住持并成为中国佛教界的重镇。

由于日本禅宗急需重振，便多次邀请隐元赴日操持主办。经过反复蕴穰，隐元终于决定应邀赴日，于1654年6月21日从厦门启航，7月5日率弟子30余人同抵日本长崎，次日入住福兴寺并开堂弘法。1655年9月6日，应邀住持摄津普门寺。1658年11月1日，赴江户城拜见江户幕府第四代将军德川家纲。1660年接受后水尾法皇的皈依以及赐予，1661年在德川幕府第四代将军德川家纲的檀护下，开山建寺，寺名取自难以忘怀的故土之名刹：黄檗山万福寺。1664年9月，隐元禅让住持之位，退居松隐堂。1673年4月1日，获得后水尾法皇赠予的"大光普照国师"的封号。4月3日安详示寂，享年82岁。

隐元东渡的时代背景与日本在1639年至1853年间实施的锁国政策有关。在此期间，日本与中国（明）的贸易往来依然频繁，地点却只限定于长崎一港。因此，许多经商的中国人居住在长崎，并建立了三座中国风格的寺院，统称长崎三福寺或三唐寺：1624年建立的兴福寺，俗称南京寺（开基者真圆）；1628年建立的福济寺，俗称漳州寺或泉州寺（开基者觉海）；1629年建立的崇福寺，俗称福州寺（开基者超然）。尔后，1677年又诞生了中日合璧的圣福寺，又称广东寺，开基者为中国的陈朴纯与日本的铁心道胖，与三福寺并称长崎四福寺。

三福寺自建立以来均由中国僧人担任住持，隐元东渡前，就曾邀请默子如定、逸然性融、独立性易、道者超元等禅僧东渡日本任职。因之，1654年7月，隐元基于兴福寺第三代住持逸然性融的四次真诚邀请而应邀赴日。因为早在隐元东渡三年前，刻本《黄檗隐元禅师语录》就已经在日本传流，日本佛教界对隐元早有仰慕。如龙安寺的龙溪宗潜（1602—1670，转黄檗宗之后名曰性潜）就是其中一位。临济宗妙心寺派的无著道忠（1653—1744）所著的《黄檗外记》中就对此有所记载。

　　隐元登临长崎后，应当时京都临济宗大本营妙心寺的龙溪和尚、秃翁和尚、竺印和尚等招请，安禅京都。之后将近二十年间，德川幕府，后水尾法皇都认可并接受了隐元禅师的佛学经义，禅风法要，京都成了隐元禅师弘法的大道场。追随隐元的僧俗，也先后陆续聚集京都，不仅传播了佛学经义，还带去了明代先进的文化和科学技术，建筑桥梁，园林花艺，饮食料理，文学医药等，广为民众接受，迅速得以传播。同一时期，皈依隐元禅师门下的皇室成员，幕府眷属，民间信徒与侨民等，也随之拥簇京都，形成远近闻名的侨居地。

　　1661年，隐元得到后水尾天皇的赏赐，在太和山建寺立宗。为在异邦打造同一的梦想，隐元刻意将太和山改为与家乡同名的黄檗山，建好的寺院也命名为与家乡同名的万福寺。之后，黄檗宗连同明末先进的文化和科学技术以京都为中心广泛传播，牵引了日本社会新一轮的进化。这一社会现象形成了"黄檗文化"，泛指隐元为首的黄檗禅师们所弘扬的佛学经义，以及在日本落地开花的明代先进的文化和科学技术。

　　人所共识，明代以前影响京都的华夏文化，为京都注入了汉唐的儒雅，造就了京都浓郁的中国风。造就了亲和柔美，儒雅淡定的民族文化。在此基础之上，隐元的重大贡献首推他所践行的明代禅风以及包括教义、修行、仪礼等各方面的形式风格，都秉承了临济正宗的衣钵。这使得同时代唱衰的日本禅宗界有可能吐故纳新，推动加速了新陈代谢的进化。黄檗宗始终遵循临济宗的法脉，以静坐参禅为基本功，以抵达了悟自心的境地为目的，教义简要明瞭，易于实行，加之隐元的人格魅力所至，日本的民众和流亡失所的明朝遗民，都纷纷皈依黄檗宗，寻求精神归宿。从结果上成就了时代精神所向，重温和凝固了以汉字文明为基础的教养体系。

其二是隐元严守临济正宗的法脉，重清规严戒，以其专著《黄檗清规》为鉴，对寺院进行了整顿。自律之心，这是隐元禅师与他所开创的黄檗宗的立身弘法之本。严于自律，静寂持戒是隐元创立壮大日本黄檗宗的法宝，这一禅风，深刻影响了当时深陷低迷混乱的日本佛教界。而隐元禅师得到社会核心的信任，也靠的是源于戒律的不亢不卑的正派与坚持不懈的真诚、博才多学和稳健修行。明代以来，黄檗宗以及黄檗文化能在日本世代相传，经久不衰，与其严格的方法论，即戒律紧密相联。例如，京都的万福寺与长崎的崇福寺、兴福寺、圣福寺、福济寺的山门前，至今依然矗立着"不许荤酒入山门"的石碑。这就是掷地有声的一条戒律，忠告佛门禁地的圣洁与尊严，更警戒佛家弟子的为僧之道，进而重整宗教的社会使命和职责义务，为社会的稳步发展起到了不可或缺的维稳作用。也就是说，黄檗宗以社会责任为己任，有意识的选择了应有的公共性的定位，将家国情怀在异国他乡得以弘扬和践行。

其三是黄檗宗吸收了深厚的儒家思想，强调己欲立而立人，己欲达而达人；己所不欲，勿施于人。体现了临济宗禅机活用，独立不羁的特点。同时也表明黄檗宗不拘一格，综合性，全方位的开创境外文化家园的视野和胸怀。为此，他们脚踏实地，从风俗习惯、生活技能的传播入手，以提升社会生活层面的质量为目的。比如，日本将 4 月 3 日命名为隐元豆角纪念日，那是因为以此缅怀同一天逝世的隐元，是隐元传授了豆角、西瓜、素食等。现今黄檗山万福寺所在地宇治市内不仅有黄檗站，还有黄檗公园、小学和中学一贯制的黄檗学园、黄檗医院、黄檗陵园、黄檗菜谱、黄檗套餐、黄檗面包等黄檗系列，无一不是黄檗先人们的情怀印证。而横跨宇治川的桥梁、隐元桥充分体现了人们对于隐元的跨世纪之感激。

其四是有意识的选择了生活化和大众化的传教方式。再此，我们可以将传教予以更为广泛的定义。即，文化传教。例如，隐元将家乡的近似大碗茶的大众饮茶方式传入日本，开创了茶道中的新型流派：煎茶道。因此，全日本煎茶道联盟的历任会长都由黄檗山万福寺管长兼职，联盟秘书处也设在寺内。2017 年的统计表明，煎茶道现有 36 个派别，会员遍布全日本各地。如此将宗教置身社会文化的框架之内，蕴含为民造福的饮茶普及之中，可谓日本前所未有的创举。沿用今天的说法，这是成功的跨文化交流的智慧，也是值得今人学习和借鉴的实践。

其五是有计划地实施百年育人的大计。大概隐元有嘱，黄檗山万福寺从开山祖师隐元直到第十三代的住持均由中国人出任。而后虽有日本人出任住持，但念诵佛经时依然使用唐音，习俗礼仪等延续明末形式至今。隐元一生拥有法嗣 23 人。其中，除龙溪、独昭、独本三位日本人之外，剩余弟子均为中国人。留在日本扎根的有庵性瑫、即非如一、慧林性机、龙溪性潜、独湛性莹、大眉性善、独昭性圆、南源性派、独吼性狮、独本性源。隐元还著述等身，为保黄檗宗后继有人。有所记载的有《隐元禅师语录》16 卷、《普照国师广录》30 卷、《黄檗隐元禅师云涛集》1 卷、《弘戒法仪》1 卷、《黄檗山寺志》1 卷、《黄檗清规》等等。

在中国人的年龄意识里，六十岁为一甲子轮回，是生命新的周期。隐元的新周期除赴日弘法以外，据说还受郑成功之托，企图借日本幕府之力反清复明。然而幕府无心助力南明，却为隐元的气度所动，成就了隐元在中日文化交流中的丰伟功绩。大概也为回报日本的知遇之恩，隐元才将余生贡献给了日本。

综上所述，隐元转身日本的经历也可以看做文化转场的实践。他的成就自然源自对于禅宗的信念，支撑这一信念在异邦自成一家的却得益于中华文明丰富多彩的智慧之润泽。而容纳并接受隐元以及黄檗宗、黄檗文化，并且提供发展空间和保障的却是日本。尤其是日本的主流社会。例如，皈依隐元禅师门下的皇室成员有圆光院文英夫人（生卒不详），后水尾法皇（1596--1680年），后西天皇（在位1654--1663年），绯宫光子内亲王（1634--1727年）等。皈依隐元禅师门下的幕府眷属有德川家纲将军（1641--1680年），幕府元老酒井忠胜（1587--1662年），板仓重宗（1586--1656年），松平信纲（1596--1662年），京都所司代牧野亲成（1607--1677年）等[6]。

日本皇室还先后六次予以隐元赐封号[7]。首次赐封之后的第二天，隐元便仙逝而去。但每隔五十年，皇室都会重新追加封号，直至今日。

  一六七三年四月二日，后水尾法皇赐号大光普照国师。
  一七二二年，灵元上皇赐号佛慈广鉴国师。
  一七七二年，后樱町上皇赐号径山首出国师。
  一八二二年，光格上皇赐号觉性圆明国师。
  一九一七年，大正天皇赐号真空大师。
  一九七二年，昭和天皇赐号华光大师。

关于日本文化的核心与隐元和黄檗宗之间的交融互鉴，恕本书割爱处理。值得关注的是，京都是东渐佛教的最大宗派临济宗的大本营。明朝灭亡之后，数万计以反清复明为旗帜的遗民逃亡海外谋生，同时试图在日本及东南亚等地保留大明文化之根。但是，他们清醒地认识到，复国无望这一现实。于是，便融入异国他乡的各个阶层，以做长记。

明治维新以后，部分黄檗宗派融入了临济宗。由此派生出具有临济宗兼顾黄檗宗风格的遗民后代。他们不忘故土，经久思明，与同时代的其他民族组织，如思汉复国的黑龙会、兴中会、乃至后期的同盟会、国民党结盟互动。这股力量在日本得到了华侨社团和遗民后代的支持，以日本为据点的复国思想从未消弭，复国之情始终在燃烧。

临济宗黄檗禅僧衍分十一派，它们分别是以木庵为首的紫云派又称万寿派，以即非为首的广寿派，以慧林为首的龙兴派，以龙溪为首的万松派，以独湛为首的狮子林派，以大眉为首的东林派，以独照为首的直指派，以南源为首的华藏派或天德派，以独吼为首的汉松派，以独木为首的海福派，还有以1661年东渡日本的高泉性潡（隐元法嗣慧门如沛的法嗣）为首的佛国派。尔后，这十一个派别又分别自立成林，发展至今。就此不再赘言。

据公网 http://www.kohzansha.com/datalink.html#4 记载，黄檗宗寺院在今天的日本有451座，信众有 350,000 人。另据临济宗／黄檗宗联合公网 http://www.rinnou.net/ 介绍，目前拥有15大派别，下属7000余家寺院。

让我们再次回到大悲阁千光寺。在那里除供奉千手观音菩萨像以外，还以供奉江户时代的京都豪商角仓了以（1554～1614）的木像而闻名。

如前所述，角仓了以运用朱印船贸易所获取的财富，致力于

安置在千光阁大悲寺的角仓了以木雕
(http://inoues.net/club/suminokura.jpg)

整治国内的河流开发和水运畅通，因此深受民众尊敬。尤其是1606年成功的疏通开发了流经岚山的大堰川，更与岚山结下了不解之缘。

大悲阁千光寺本是第八十八代天皇后嵯峨天皇（1220～1272）的祈祷院。原本位于京都市右京区的清凉寺附近，距离迁离之后的地址并不遥远。大悲阁一词源自供奉观音的佛堂"观音堂"。江户时代初期庆长19年（1614年），角仓了以为了纪念工程中牺牲的劳工，把千光寺从清凉寺附近迁到了现在的位置。因为这里的地势与大堰河保津峡的绝壁连为一体，可在绝壁之上增建大悲阁，以便登高望远，眺望疏导治理之后的河流。同时可在寺内增建的大悲阁供奉千手观音，希冀地平天成。所以，角仓了以晚年移居该寺修行，守护治水（大堰川）现场，缅怀为治水事业献身的生命，祷祝灵魂的安息。并留下遗言，在大悲阁安放自身手握石斧，以大禹为模式的治水形象的木雕，以永久为牺牲者守灵。

1614年，是角仓了以辞世之年。他特邀二尊院的道空了椿为大悲阁千光寺开山，山号岚山。

基于角仓了以的遗志,其子素庵在寺内安置了角仓了以的木雕。1630年,建立了刻有大儒家林罗山所撰写的《河道主事嵯峨吉田(角仓)了以翁碑铭》的纪念碑。

然而,就在日本的大禹壮志得以传承之际,由于明治维新兴起的西方价值称霸,该寺一度走向了衰败,大悲阁等佛堂和院落开始破落凋零。此后虽逐渐得以修服,又因1959年的伊势湾台风再度受难。不过,在当时的住持等的坚韧不拔的支撑之下,寺院历经近半个世纪的苦难,终于在2012年得以全面修复,香火不断。

今天的大悲阁千光寺秉承昔日的风格,不像"千光寺"的名字那般富丽堂皇,金碧辉煌,寺院外部也没有使用色彩鲜丽的油

漆涂抹装饰,而是保持固有的古朴。经过百年的风吹日晒,木柱的颜色已经发黑,只有房梁上的木梁用黄漆涂饰过,那是因为防虫的需要。寺庙内部虽然质朴,却一尘不染。"一期一会","寂清静和"的书法,不乏禅宗的清心宁静之感,古朴的风格与满山翠松相互呼应,浑然天成于一体,让人感悟到宁静质朴。可以想见,1919年4月5日,青年周恩来

第一章 《雨中岚山》的隐形路线　　023

曾在此地思绪澎湃。

五，《雨中岚山》中的隐形地图

1919年4月5日，周恩来写下了《雨中岚山》。在此其间，周恩来还挥写了《雨后岚山》，这两首诗的内容部分重叠，表达了青年时代周恩来东渡日本探求救国之道，从最初的迷惘心情到觅出真理光芒的真实感受。但是，除了这两首诗歌之外，对于诗作背景的考察资料甚少。其中，《雨中岚山》是广为人知的诗碑所使用的诗题，原名当为《雨中岚山——日本京都》。为接下来的论据阐述的需要，在此特对两首诗予以引用。

雨中岚山—日本京都
作于一九一九年四月五日

雨中二次游岚山，
两岸苍松，夹着几株樱。
到尽处突见一山高，
流出泉水绿如许，绕石照人。
潇潇雨，雾蒙浓；
一线阳光穿云出，愈见姣妍。
人间的万象真理，愈求愈模糊；
——模糊中偶然见着一点光明，真愈觉姣妍。

雨后岚山
山中雨过云愈暗，
渐近黄昏；
万绿中拥出一丛樱，

淡红娇嫩，惹得人心醉。
自然美，不假人工；
不受人拘束。
想起那宗教，礼法，旧文艺，……粉饰的东西，
还在那讲什么信仰，情感，美观……的制人学说。
——
登高远望，
青山渺渺，
被遮掩的白云如带；
十数电光，射出那渺茫黑暗的城市。
此刻岛民心理，仿佛从情景中呼出；
元老，军阀，党阀，资本家，……
从此后"将何所恃？"

  对创作于同日，即一九一九年四月五日的两首诗的原文进行分析可以认为，周恩来游览时间的先后顺序是，《雨中岚山》先于《雨后岚山》。而从《雨中岚山》中的"两岸"、"到尽处突见一山高"的描述可以发现，该诗无意识的起用了游记中移步换景的描写手法。即，随着作者的移动，景物的观察点也随之发生变化。
  因为诗中的"两岸"一词可以推断周恩来当天沿着河流而行。那是一条可以尽情欣赏两岸苍松和樱花的细流。然而，顺着河畔移动脚步，而"到尽处突见一山高"一句则可看出，他的游览方向是从平地逐渐向高处移动的。即从下游向上游方向移动。诗意已将周恩来当天的活动范围大致规范，排除了他往远离河岸以及沿着河岸往下游游览的选项。
  接下来，诗文告诉读者，就在疑是抵达尽头处，河面竟然突显深邃宽阔，流出泉水绿如许，河畔的山峦拔地而起。就在这山

水风格突变切换的瞬间,原本雨雾朦胧之中透出了一线光明。周恩来置身这绿树红樱与山水云光交相呼应之中,似乎感悟到万物真理如同自然美景一般,因探求而明朗,因思索而入魂。

这条路线也被《雨后岚山》中的"后续"描写所证实。即诗中的"山中雨过"、"登高望远"可以表明,周恩来在当天沿河而行,"到尽处突见一山高"之后,还爬山登高了。在登高后所见到的景色里,既有"青山渺渺",也有"渺茫黑暗的城市"。也就是说,构思《雨中岚山》的时间段大概是白昼,而《雨后岚山》的时间段已经送走晚暮,迎来夜色了。

登高远望时近距离难以产生"渺茫"的效果。"渺茫黑暗"的城市距离登高而至的山峰必然拉开了一定的距离,并非山脚之下。而站在位于山巅的大悲阁千光寺的俯瞰,可以全方位尽收"渺茫黑暗"的景色于眼底。也就是说,登上寺院高处之后,"青山渺渺",尽收眼帘。对此,仅以笔者拍摄的的两幅照片做以对比介绍

1,大悲阁千光寺参道入口处的"绿水"与高泉诗碑

2,登大悲阁千光寺,眺望"青山渺渺"。

结合诗意，笔者于 2015 年以来数次雨中现场考察，2018 还分别指导学生再次进行确认和考察。初步认为周恩来游览岚山的路线应是乘坐 1910 年开通的京福电气铁道岚山本线，在终点站岚山下车后，经龟山公园，在此发现了角仓了以铜像之后，当即涌生了考察大悲阁千光寺的激情。

但是，仔细推敲便可发现，周恩来造访岚山和大悲阁千光寺并非在一天之内所能够完成的。正如其诗作所示，是经历"雨中二次游岚山"而尽人意的。

也就是说，第一次游岚山的时间在第二次之前。从岚山车站到龟山公园，途经临济宗的大本山天龙寺等景点。岚山的景点基本积聚在龟山公园一带。正因为如此，才有可能发现公园内的角仓了以铜像。

天龙寺建于 1345 年，山号灵龟山，全境都被选入世界遗产。岚山的象征渡月桥原本属于天龙寺十景之一。因此，自明治时代以来（1896 — 1911 年）这一带至今依然是影视行业拍摄外景的首选，也是日本人人皆知的自然影视中心。所以，有理由推测，爱好演艺戏剧的周恩来会慕名而至的。如果当天还在天龙寺周边采风，欣赏传世的竹林幽径，起码需要一整天的时间。自然不可能在同一天重返渡月桥，专程赶到对岸，依山傍水步行 40 分钟，登上大悲阁千光寺的。

因此，周恩来在 4 月 5 日再次造访岚山，从车站直接赶到渡月桥，沿河南岸的小路向山间而行。小路的尽头便是联通大悲阁千光寺的参道。即穿过渡月桥，周恩来步入河对岸的小路，直行 40 分钟左右走到尽头，顺路登上眼前现出的通向山巅（大悲阁千光寺）的参道。从渡月桥到大悲阁千光寺，此间的距离大约有一公里左右。登寺的参道用两百层石阶顺山路铺就。

关于这条路线，笔者还对大悲阁千光寺的住持大林道忠进行了采访。住持表示,以前听过世的前任说过,明治末年,有一条从渡月桥直通寺里的土路。不知何时,那条道路连通四周的环境被开拓成今天的模样。据此可以认为,那条道路在1919年也会存在。

因为明治时代是从1868年开始,到1912年的明治天皇驾崩自然完结。同年即位的新天皇因改年号为大正,通称大正天皇,其在位时代也被称为大正时代。这是一个仅存13年的时代。1925年,昭和天皇继承了谢世的大正天皇而登基。因之,据此六年之前的1919年的景观大概难以发生巨变,周恩来当顺着六年前的那条道路,抵达大悲阁千光寺的。

至于当年的道路图片目前尚未发现,通过查看大悲阁千光寺网站和其他图纸,当年的那条土路的路线,似乎和往昔没有过大的差异。

对此,王敏研究室的学生和旅行家黎帆进行了实地演习。并请黎帆先生绘制了地图。红色箭头所指向的,就是在岚山车站下车后,如果经天龙寺、龟山公园,再过渡月桥,登上大悲阁千光寺的路线。不过,受时间限制,周恩来第一次游岚山的范围仅限于右岸,并没有前往大悲阁千光寺。

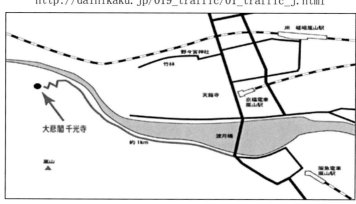

黎帆绘制 图1
岚山至大悲阁千光寺的设想路线（第一次岚山行的范围仅限右岸游览）

黎帆绘制 图2
雨中二次游岚山抵达大悲阁千光寺的路线

  为尽人意，1919年4月5日，周恩来决定雨中二次游岚山。此行目的显然明确，大悲阁千光寺是主要目标。这一次周恩来沿着渡月桥的左岸而行，抵达大悲阁千光寺的。如图2所示。

  综上所述，1919年4月5日，周恩来从友人吴瀚涛家所在地：京都府京都市左京区松ケ崎堂之上町7-2号（现为京都左京区政府所在地，邮编是〒606-8511，日语标记是：京都市左京区松

第一章 《雨中岚山》的隐形路线

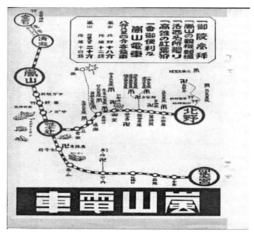

参考　1936年的电车路线图

大悲阁千光寺参道入口　王敏摄影

ヶ崎堂ノ上町7番地の2号）出发，乘坐1910年3月25日开业的京福电车，在始发站四之宫上车，直达终点站：岚山。

　　在从车站到渡月桥之间的景点逗留一段时间后，周恩来穿过渡月桥，步行40分钟左右，被眼前出现的景观所震撼。那是依山傍水的道路的尽头，也是大悲阁千光寺参道的入口。正如《雨中岚山》中所描绘的那样，"突见一山高"，而参道入口的右首也是诗中的景致："流出泉水绿如许"，"绕石照人"。

六，邂逅高泉性潡的诗碑

通向大悲阁千光寺的参道有 200 层石阶，参道入口的两旁，矗立着一对花岗岩石碑，高 226cm、宽 39cm、厚 29cm，上书明末随隐元禅师东渡弘法的黄檗宗禅师高泉性潡的七绝诗《登千光寺》。

千尺悬崖构梵宫，
下临天地一溪通。
何人治水功如禹，
古碣高镌了以翁。

禹

石碑上高泉的名字清晰可见

源自博客网站 https://office34.exblog.jp/15069950/

高泉

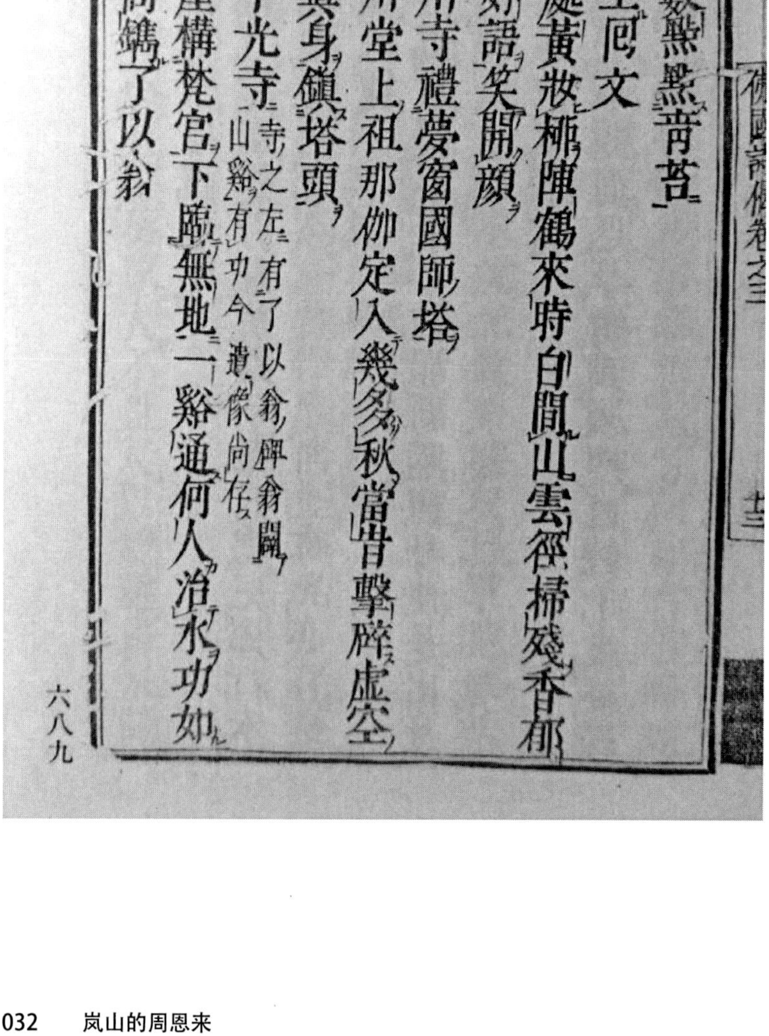

月華飛礙點點青苔

容至咂文
羣鶯睡處黃妝桃陣鶴來時白間山雲徑掃殘香郁
郁聞來好語笑開顏
臨川寺禮夢窗國師塔
稽首臨川堂上祖那伽定入幾多秋當胃擊碎虛空
骨剩得真身鎭塔頭
登千光寺 寺之左有了以翁碑翁閩
千尺縣崖構梵宮下臨無地一谿通何人治水功如
禹古碣高鐫了以翁

这首诗被收录在黄檗文化研究所《高泉全集》编辑委员会编辑、黄檗山万福寺文华殿于 2014 年 3 月发行的四卷本《高泉全集》（Ⅱ 诗文集篇）第二卷第 689 页，被分类排列在＜佛国诗偈＞之中。据高泉年谱记述，1678 年、高泉为门弟雷洲开创的佛国寺开山，并住持佛国寺（今京都伏见区大龟谷敦贺町佛国寺）一时。由此可以推定，该诗的写作时间大概在 1678 年之后。

上述材料显示，诗名与诗之间有两行小字链接。即"寺之左有了以翁碑翁闢山谿有功今造像尚存"。显然，高泉对于寺内的情况和布局是详尽的。如前所述，"了以翁"指角仓了以，"了以翁碑"当指刻有大儒家林罗山（1583～1657）撰写的《河道主事嵯峨吉田了以翁碑銘》的石碑。吉田是角仓的旧姓。

石碑高约 2 米，宽 90 厘米，左上角部分破损，碑文 2000 余字。碑文中个别文字模糊，难以辨认，收录在伊东宗裕编《林罗山文集》509-512 页。碑文内容如下。

（正面頂部橫書き）「河道主事嵯峨吉田了以翁碑銘」（篆书）
「古云舟楫之利以濟不　通嘗聞其語矣今有其人也了以叟其人歟了以姓源氏其先佐佐木支族號吉田者宇多帝之後也云爾世住江　州五代祖德春來城州嵯峨因家焉其所居乃／角藏地也洛四隅各有官倉在西曰角藏語在沙門石夢窓天龍　寺圖記中德春子宗林宗林子宗忠皆潤屋也而仕室町將家宗忠子宗桂薙髮遊天龍蘭若嘗學醫術一旦從僧　良策／彥逾溟渤赴大明明人或稱宗桂號意庵蓋取諸醫者意也之義還于本邦其業廯益進娶中村氏以天文　二十三年甲寅其月其日生了以諱光好小字與七後改名了以性嗜工役嘗／雖志筮仕而未肯事信長秀吉矣　及于／前大相國源君之治世也而初出奉拜謁焉慶長九年甲辰了以往作州和計河見艜船以爲凡百川皆可　以通舟乃歸

嵯峨泝大井川至丹波保津見其路自謂雖多湍石而可行舟翌年／乙已遣其子玄之于東武以請　之／台命謂自古所未通舟今欲通開是二州之幸也宜早爲之丙午春三月了以初浚大井河其所有大石以轆　轤索牽之石在水中則構浮樓以鐵棒銳頭長三尺周三尺柄長二丈許繫繩／使數十餘人挽扛而徑投下之石　悉碎散石出水面則烈火燒碎焉河廣而淺者帖石而狹其河深其水又所有瀑者鑿其上與下流準平之逮秋八　月役功成先是編筏纜流而已於是／自丹波世喜邑到嵯峨舟初通五穀鹽鐵材石等多載漕民得其利因造宅　河邊居焉玄之嗣焉子嚴昭受傳之玄之能書且問儒風於惺窩滕先生有年矣一旦招先生遡遊于河上奇／石　激湍甚多請先生多改舊號其白浪揚如散花者號浪花隈　※1　其齊汩環石者號觀瀾盤陀有石相距可二十　丈猿抱子飛超其間者號叫猿峽　※2　東有山岩高嶮有棲鵲之危巢／者號鷹巢石壁斗絕貌如萬卷堆者號　群書岩　※3　此處有石似門廣五丈高百餘尺者號石門關有湍急流船行如飛號鳥船灘　※4　灘隣於水尾世　傳清和帝嘗來觀魚于此焉岸有／山岩高可五十丈其下水平衡如水載山取山下出泉蒙之義號曰蒙山皆有　倭歌在其家集惺窩所遊觀止此焉復有石方三丈許其面如鏡聳於水崖號鏡石又有浮田神祠世傳邃／古之　世丹波國皆湖也其水赤故曰丹波大山咋神穿浮田決其湖於是丹波水枯爲土乃建祠而祭之以鋤爲神之主　此神卽是松尾大神也下此則愛宕龜山在左嵐山左右其勝區／不可枚數十二年春了以奉／鈞命通舼於富　士川自駿州岩淵挽舟到甲府山峽洞民未嘗見有舟皆驚曰非魚而走水怔哉怔哉與胡人不知舟何以異哉此川最嶮甚於嵯峨然漕舼通行州民大悅十三年又命了／以試自信州諏訪到遠州掛塚可通舟天龍河否了以　雖卽漕盪然無所用故至今舟少方是之時營大佛殿于洛東大木巨材甚勞挽牽了

以請循河而運之乃聽之於　是自伏見里浮／之河泝而挈焉了以見伏見地卑於大佛殿基可六丈即壞其高爲是於卑處若河曲處置轤轆　引起復浮水水平如地先是呼許呼邪者五丁憂之萬牛難之於是水運不勞力不日材／木悉達人皆奇之十六　年了以請行舟鴨河乃聽之因自伏見河漕舺遡上流達于二條至今有數百艘遂構家河傍使玄之居之玄之男　玄德嗣爲十九年富士河壅嶮舟不能行／鈞命召了以有病玄之代行治水又能通舟三月始役七月成之聞了　以病急告假玄之未入洛先二日了以歿實慶長十九年秋七月十二日也時六十一歲此年夏營大悲閣于嵐山　山／高二十丈許壁立谷深右有瀑布前有龜山而直視洛中河水流於龜嵐之際舟舺之來去居然可見矣其疾　病時謂曰須作我肖像置閣側捲巨綱爲座犁爲杖而建石誌玄之等從其／遺教玄之錄其事以寄余請爲之記　件件如右昔白圭之治水以隣國爲壑張湯之漕襃斜嶮巇不能通今了以疏大井河瀹鴨水決富士川凡其所排　通醽開則舟能行不臭其載人皆／利之與白圭張湯所爲大異矣所謂舟楫之利以濟不通者不在玆乎宜哉垂裕後昆余與玄之執交久矣故應其請書焉且旌之以銘其詞曰／排巨川兮舟楫通浮鴨水兮梁如虹矧復鑿富　士河兮有成功慕其錫玄圭兮笑彼化黃熊嵐山之上兮名不朽而無窮／寬永六年冬十一月　日（※1 旧名／大瀬、※2 旧名／猿飛、※3 旧名／出合、※4 旧名／鵜川）

在此特别强调碑文的结尾，林罗山写了如下两句诗：

慕其赐玄圭兮　笑彼化黄熊

"圭"指了以的父亲，"黄熊"援引中国的传说。在上古神话中，大禹之父鲧曾经化身黄熊治水。显然，林罗山无愧日本近代的大儒家，汉文造诣非凡，运用自如。高泉大概也为其才华所倾倒，同时也为角仓了以的治水精神所折服，才顺景应情，写下了《登千光寺》这首诗，并刻意在诗中对应林罗山的碑文，将大禹和角仓了以相提并论。

"何人治水功如禹，古碣高镌了以翁。"这既是对林罗山撰文的唱和，也是对角仓了以人生的称颂。

林罗山在宽永六年（1629年）冬11月完成上述《河道主事嵯峨吉田了以翁碑铭》之后，12月从京都启程赶赴江户，途经尾张藩并停留写下了《拜尾张圣堂》一文。其中特意提及圣堂"有金像。尧、舜、禹、周公、孔子安其中"。大概受金像之启示，宽永九年（1632年），林罗山使狩野山雪画伯画出圣贤图《历圣大儒像》群像，共21幅。其中包括伏羲、神农、黄帝、尧、舜、禹、汤王、文王、武王、周公、孔子、颜子、曾子、子思、孟子、周惇颐、张载、程颢、程颐、邵雍、朱熹。宽永十三年（1636），朝鲜通信使副使金世濂（号东溟）为此写赞。《历圣大儒像》中有15幅，包括大禹像在内被收藏在东京国立博物馆，其他6幅在筑波大学收藏。不难看出，林罗山尊儒尊禹。相关文献可参见吾妻重二的《江户初期学塾的发展与中国、朝鲜—藤原惺窝、姜沆、松永尺五、堀杏庵、林罗山、林鵞峰等》（『東アジア文化交渉研究』第2号、2009年、57-58頁），水野裕史的《〈狩野山雪笔历圣大儒像〉再考——林罗山的道通论》（日本儒教学会2018年度大会、2018年5月13日）。

接下来略观高泉性激禅师。他又称黄檗高泉（1633--1695年），出身福建省福清市的黄檗僧人。俗姓林，字高泉或良伟，号云外，又称昙华道人。十三岁出家在家乡的黄檗山，师从隐元隆琪的门人慧门如沛禅师，并嗣其法。1661年，29岁的高泉应隐元之邀，入京都黄檗山万福寺。未久，出任法云院寺住持，血书《妙法莲花经》《元觉经》《维摩经》30余卷。开山献珠寺和佛国寺。为隐元守灵百日，为后水尾法皇献上十牛图，屡入宫中说法。

隐元禅师禅风卓越，黄檗僧多能诗善赋，时有"诗南源，文高泉"之说。1675年，高泉撰《扶桑禅林僧宝传十卷》，翌年，又编《东国高僧传十卷》。此后，著述接连不断。如《尚有洗云集十卷》、《佛国高泉禅师语录八卷》、《山堂清话三卷》，《东渡诸祖传》、《法华略集》、《翰墨禅》、《高泉禅师语录》、《有马温泉记》、《释门孝传》各一卷等等。高泉性激厚德流芳，广结高层近易平民，积极有效的推动了文化交流，弘扬和振兴了黄檗宗的隆兴，1692年出任第五代万福寺住持。因此，先后两次被日本灵元天皇赐号国师。1705年，灵元上皇的赐号是大圆广慧国师；1727年，赐号为佛智常照国师。后世尊高泉为黄檗山中兴之祖。世寿六十三。

高泉以其品行，赢得了后世佛法界的敬重。结合笔者对当今大悲阁千光寺住持大林道忠的采访内容来看，正是基于上述背景，千光寺大悲阁的住持特意邀请高泉来寺指导三月之久，并求其挥毫，刻入石碑，立于山门，以示千秋万代。

不过，现在的高泉诗碑建于1924年。在此之前的状态无从可知。然而，开山时的大悲阁千光寺本为天台宗，却从1808年起转身改属黄檗宗。经笔者初步考察，改宗的缘由之一就是该寺与黄檗宗的高泉的密切关系。

如果高泉挥写"登千光寺"的时间可以断定在1678年，有谁料定时隔241年之后，周恩来会在1919年4月5日登山远望的呢！

1 《周恩来早期文集》上卷，中共中央文献研究室 南开大学编，中央文献出版社 1998 年 2 月版，第 411 页。"邃密群科"这里指的是深入钻研政治学，因为南开学校校长张伯苓倡导"德、智、体、群"四育，"群育"即指西方民主政治。
2 "轮扉兄"，即张鸿浩，他与周恩来同于 1913 年 8 月考入南开中学，毕业后，二人又同赴日本留学。在日本期间保持着密切的交往和友谊，周恩来回国时，他已经考入东京第一高等学校。"子鱼"，即王嘉良；"慕天"，即穆敬熙，他们都是南开留日同学。
3 这四首诗是：《游日本京都圆山公园》、《雨中岚山——日本京都》、《雨后岚山》、《四次游圆山公园》，皆发表在 1920 年 1 月 20 日出版的《觉悟》创刊号上。
4 关于周恩来的回国路线，现在有两种说法：一种说法是他从日本神户坐船先到大连；一种说法是他从神户直接坐船回天津。
5 《周恩来外交活动大事记（1949-1975）》，世界知识出版社 1993 年版，第 145-146、577-578 页。
6 《隐元隆琦禅师》林观潮著，厦门大学出版社，2010 年出版，第 143 页。
7 《隐元隆琦禅师》林观潮著，厦门大学出版社，2010 年出版，第 141 页。

第二章
雨中二次游岚山的原由

冒雨二次游岚山足以说明周恩来对岚山的喜爱。如果第二次游岚山的时间是1919年4月5日,第一次很可能是4月5日之前。因为诗中明确表示,接连两次的游览都是雨中,两天之间的间隔不会超出一月之隔。因为周恩来在京都停留的日期总共只有一个多月。而之所以两次风雨无阻,必有其原由。笔者认为,大致可列举如下。

一、治水家史

周恩来的母亲万冬儿(1877—1907年)是江西省南昌县人。其父是清河县(今淮阴县)的县知事。1897年,20岁的万冬儿嫁给周劭纲为妻。她生了三个儿子。周恩来是她最喜爱的长子。但是,就在周恩来未满一周岁时,父母把他过继给了无子的叔父。1904年,周恩来六岁时,养父早逝,便随养母和生身父母移居到外祖父家所在的清河县,并在外祖父家的私塾就读。1907年,万冬儿因操劳过度,芳年31岁便撒手人寰。1908年,养母也随之而逝。于是,十岁的周恩来不得不担起生活的重负。

据杨天石、章百家推荐、李海文著,2017年由九州出版社发行的《周恩来家世》记载,周恩来的外祖父万青选任淮安府同知时,是分管水利的"里河同知",后来又做过徐州府"运河同知",是一名治水的水利专家。周恩来侄女周秉宜女士告诉笔者,万青选的大儿子也懂水利。万家三代人与治水有关。因此，来自家庭生活中的水文化的信息必将对周恩来耳熏目染，培养了周恩来对大禹的认识与关注。

众所周知，周恩来自幼就对亲友祖辈敬慕孝念。其美德已为诸多先行研究所验证，笔者无需赘言。在此仅引用南开大学徐行教授的先行研究中的一例予以论证。

周恩来素有孝心，时刻惦念着家乡亲人。他的母亲在他9岁时去世，无钱下葬，长期厝于淮阴一座庙里，让他揪心不已。留日期间淮安老家急剧衰败，更让他心急如焚。1918年1月8日，堂弟来信告诉他久病在家的叔父去世了。他当天在日记里写道："我身在海外，猛然接着这个恶消息，那时候心中不知是痛，是悲，好像是已没了知觉的一样。"[8] 1月11日，他又在日记里写道："连着这三天，夜里总没有睡着，越想越难受。家里头不知是什么样子，四伯急得更不用说了，只恨我身在海外，不能够立时回去帮着四伯、干爹[9]做一点事儿。如今处着这个地位，是进不得，也退不得。"日本学校的考期日益临近，而家里的景况却一天比一天困难，这使周恩来在复习功课时心理负担很重。他接着在日记里写道："我现在惟有将家里这样的事情天天放在心上，时时刻刻去用功。今年果真要考上官费，那时候心就安多了，一步一步的向上走，或者也有个报恩的日子。

二,祭祖习俗

周恩来出生地为今日的浙江省淮安市。祖籍是浙江省绍兴市。绍兴除了人人皆知的绍兴黄酒之外,地灵人杰,造就了大书法家王羲之(303－361)、文学家鲁迅(1881－1936)、教育家蔡元培(1868－1940)等名人志士。而史传中的治水贤王大禹陵等40余处留有大禹活动遗迹的史迹也都源于绍兴。自公元前210年秦始皇祭祀大禹以来,历代王侯都予以秉承和遵守。960年,宋朝的宋太祖将祭禹列为国家常典。民国时代,更是将祭禹定位为"国祭",每年的9月19日举国祭祀。

顺便以简表的形式对民国和新中国参拜大禹陵的部分国家领导人略作介绍。

国家领导人祭拜大禹陵一览表

内容摘自:沈建中编著《大禹陵志》,研究出版社,2005年。

时间	人物	内容	页码
民国5年(1916)8月20日	孙中山	孙中山及其随行由绍兴县知事宋承家、县商会会长陶萌轩陪同,乘三明瓦船(画舫)去瞻仰大禹陵庙,抚摩窆石,辨识题刻。	253-254
民国28年(1939)3月28-29日	周恩来	1939年3月下旬,中共中央军委副主席、中央南方局书记周恩来,以国民政府军委政治部副部长的公开身份,视察浙江抗战前线,开展抗日民族统一战线工作。28日凌晨辗转抵达绍兴,他说:"因抗战机缘得来故乡扫墓。"29日上午,他在族叔祖希农太公公和表弟王贶甫等陪同下祭扫了祖墓;下午瞻谒了大禹陵庙,在大禹像前肃立良久,大禹陵碑前摄了单人照留念,在禹庙拜厅前石阶上与随同人员合照一张。周恩来在绍时和离绍至金华接受记者采访时,屡屡称颂大禹业绩,勉	254-255

		励故乡同胞在坚持抗战、保卫家乡的大业中，发扬大禹精神。他说："在抗日斗争中，绍地民族精神之史略，如大禹与越王勾践之耐苦奋斗意志，均足以资模仿。"又说："大禹在人类向自然作斗争中打响了第一炮。在科学萌芽的时代，能同自然作战是不容易的。中国历代统治阶级没有学好大禹治水这一课，只晓得遏制，不晓得利导，所以成了专治魔王，到处受到反抗，他们是注定要失败的。"	
民国36年（1947）4月11日	蒋介石	国民党总裁、国民政府主席蒋介石偕夫人宋美龄及经国夫妇在浙江省主席沈鸿烈陪同下，于五时许瞻谒大禹灵庙，在大禹陵环视四周片刻，拜谒大禹像时献了花圈。见禹庙损坏之处时，嘱绍兴专员郑小隐、绍兴县长林泽加以修葺。傍晚六时许，蒋氏一行离陵返杭。	255
1991年5月20日	李瑞环	中共中央政治局常委、全国政协主席李瑞环视察陵庙。	259
1994年4月28日	丁关根	中共中央政治局委员、书记处书记丁关根视察陵庙。	259
1995年5月15日	江泽民	中共中央总书记、国家主席江泽民，由省委书记李泽民等陪同视察大禹陵，回京为大禹陵牌坊题写了坊额："大禹陵"三个大字。	260
1996年6月16日	钱其琛	国务院副总理钱其琛及国家旅游局长一行考察大禹陵。	261

会稽山图(摹自康熙《会稽县志》,卷首)

绍兴大禹陵　河右侧为陵墓,禹庙等所在(绍兴日报社　袁云摄影)

　　接下来我们对比一下近现代大禹陵的图像。上图源自清康熙十三年(1674年)发行的地方志《会稽县志》二十八卷刻本(「清」吕化龙修　董钦德纂)卷首所刊登的大禹陵图。

　　下图是高空摄影的大禹陵风景。河对面右侧的建筑即今天的大禹陵。

　　绍兴至少有四十几处大禹相关遗迹。仅引用邱志荣主编的《中国鉴湖》第五期(中国文史出版社　2018年)资料做以介绍。

　　绍兴和大禹的历史渊源以及当地的大禹情节通过鲁迅相关的

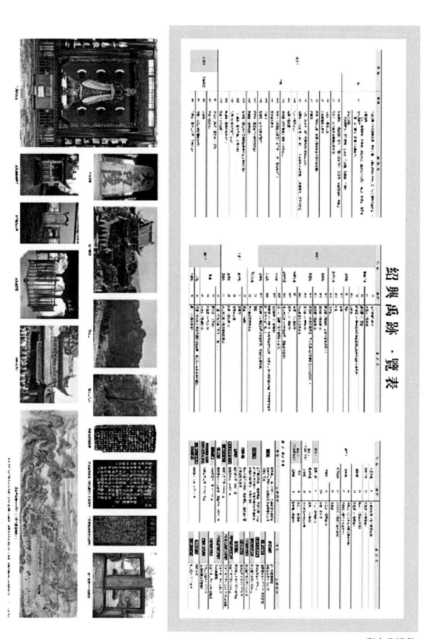

邱志荣提供

一幅照片也可窥测一斑。上图是1911年早春,鲁迅和绍兴府中学堂的老师和同学们参拜大禹陵时的合影。对于本地人来说,参拜大禹陵至今仍然是学校或者单位集体活动的首选。

显然,周恩来自幼就接受了绍兴风土习俗中的大禹文化的熏陶。1939年3月30日上午,时至中国人举国祭祖的清明节前夕。当周恩来回到绍兴宣传抗日运动时,与族人亲友共同祭拜先祖之

后,专程前往大禹陵参拜,并在大禹陵前和亲友们留影纪念。上述两幅照片为绍兴周恩来祖居纪念馆提供。

由此可见,身在日本的周恩来很可能结合祖国的清明节时分,特意选岚山践行祭祖。因为第一次游岚山之时,偶遇日本的大禹角仓了以的铜像和了解到大悲阁千光寺的存在,自然滋生了再访岚山的愿望。而1919年4月5日的京都岚山是雨天,正巧应了唐代诗人杜牧的《清明》中的情节:"清明时节雨纷纷"。大概青年周恩来领悟出这些偶然中的必然,便尽兴决定"雨中二次游岚山"了。

然而,1919年的清明节是4月6日。

据 https://zhidao.baidu.com/question/1734974743965851667.htmlBaiDu 知道网记载,1901年至1943年的"清明"数次出现在4月6日。

1902年4月6日 农历 二月廿八 清明节
1903年4月6日 农历 三月初九 清明节
1906年4月6日 农历 三月十三 清明节
1907年4月6日 农历 二月廿四 清明节
1911年4月6日 农历 三月初八 清明节
1915年4月6日 农历 二月廿二 清明节
1919年4月6日 农历 三月初六 清明节
1923年4月6日 农历 二月廿一 清明节
1927年4月6日 农历 三月初五 清明节
1931年4月6日 农历 二月十九 清明节
1935年4月6日 农历 三月初四 清明节

1939年4月6日 农历 二月十七 清明节
1943年4月6日 农历 三月初二 清明节

尽管如此，依然可以推断，周恩来在4月5日第二次雨中游岚山的目的之一在于祭祖祭禹。在尚无现代化信息设备的昔日，也许他难以掌握清明节在4月6日出现的特殊现象，或者即便知道也不愿放过当天的氛围。那种"清明时节雨纷纷"的情景容易让人们联想到"天时地利"这句成语。更为重要的是，1919年4月6日，周恩来与新中学会[10]八位会友在京都会面。他们是在京都帝国大学读书的安体诚[11]和于树德[12]，来自东京的学会领导人马洗凡[13]和童冠贤[14]以及即将由东京水产讲习所毕业的杨扶青[15]和张子纶[16]等人。有照片为证。

据此，身在海外的周恩来在迎来清明这一具有特殊含义的时节之时，自然涌出"每逢佳节必思亲"的牵挂，更难免产生对异国的岚山的神韵：山水有情的感叹。

从左起 辅青（杨扶清）、永滋（于树德）、翔宇（周恩来）、东美（刘东美） 洗凡（马汝骏）、冠贤（童冠贤）、子伦（张国经）、朴岩（黄开山）、存斋（安体诚）

三，入魂的大禹精神

周恩来在南开中学读书时,曾经三次在作文中提到大禹。关于这三篇作文的材料可参考中共中央文献研究室第二编研部和天津南开中学编辑、人民出版社 2014 年发行的《周恩来南开中学论说文集》。在此,仅将这三篇作文的相关内容简介如下。

1914 年秋的作文:《生人最宝贵者,无过于光阴》。
"大禹惜寸,陶侃惜分,视光阴之可贵,在昔已然。"[17]

陶侃是东晋时期名将,他常常说:"像大禹这样的圣人都要珍惜每一寸光阴,我们凡夫更当爱惜光阴,怎么可以放逸优游而荒废了时光呢?"这种珍惜光阴的品质自古以来就有。

1916 年 5 月 6 日的作文:《诚能动物论》
"下车泣过,大禹之诚感罪;祷雨桑林,商汤之诚格上天。"[18]

这里讲的是有一次大禹乘车出外巡查,遇到一个被押送的罪人,就下车去问怎么回事。

原来那个人做了坏事要受到惩罚。大禹听了之后不觉得伤心落泪。周边人问道:"这罪犯不守法令是其罪有应得,您有什么可痛惜的?"大禹答道:"尧舜为君的时候,天下的人都守体安分,没有听说过谁做坏事而要受到惩罚。而今我执政不能以德化人,犯罪的人虽是百姓,其实是由于我之不德所致。"大禹当即命侍从取出一块龟板,在上面刻写"百姓有罪,在于一人"。

商代开国之君成汤灭夏之后,天大旱,整五年颗粒无收。于是成汤亲自在桑林中祈求降雨,他说:"我一人有罪不要殃及百姓,若百姓有罪,也由我一人承担。"不久之后,天降甘霖。

1916年10月的作文：《我之人格观》

"禹、汤、文、武以之鸣于政纲"。[19]

"大禹下车泣盗,商汤祷雨桑林,是圣人以背于正道,而引以为良心未安"。[20]

首先这里讲的是世间有大物,大物的生死存亡对人类极其重要,这个大物即是常道(正道)。大禹、商汤、周文王和周武王将其体现于政纲中。

接下来讲的是大禹之所以能够下车泣罪,商汤之所以能够桑林祷雨,是他们这些伟人觉得有悖于正道,故良心不安。

可见周恩来对大禹的认识并没有限于知识层面的理解。他所关注的焦点是大禹的品格与精神,是对大禹的学以致用。如前所述,1939年,日本军相继占领了上海、南京、杭州,企图吞并整个中国。周恩来以国民政府军事委员会政治部副部长的身份,为了给先祖扫墓,回到了绍兴。在这期间,他在调查了当地农民的生产和生活状况之后,和亲戚一起在位于禹王庙的禹王石碑前和禹王庙的石阶上拍了纪念照。在接受采访时,他多次称赞了大禹的治水功绩,鼓励同胞在保卫家乡,抵抗日本的侵略之时,要发扬大禹治水的精神。

据周恩来祖居纪念馆介绍说,

禹王庙墙壁上的"地平天成"出自当地乡绅、书法家徐生翁之笔。绍兴周恩来祖居纪念馆提供

第二章　雨中二次游岚山的原由

周恩来此刻注视着刻有"大禹陵"三个字的石碑。对紧靠石碑、写有"地平天成"的墙壁也显示出了强烈的关注。那个时候拍摄的周恩来的照片和地平天成"的复写现保存在周恩来祖居纪念馆。据纪念馆介绍，周恩来当时还派部下带上自己的名片，前往当地乡绅、书法家徐生翁家慰问。

在《周恩来年谱》中，有两则关于大禹的论述。该书为中共中央文献研究室编撰，力平、马芷荪主编，分〈1898-1949〉和〈1949-1976〉两部分，由中央文献出版社和人民出版社于1989年3月、1997年6月出版。前一部分于1998年2月出版修订本，67万字。后一部分分上、中、下3卷，共156万字。

1,【1949年11月20日】(《周恩来年谱》电子版,第433页。)
周恩来在接见各解放区水利联席会议代表时,用"大禹治水,三过家门而不入"的故事,勉励水利工作者要下决心为人民除害造福。指出：水利部的工作和各方面都有关系,必须搞好,否则,全盘计划都会受到影响。中国人民长期以来受尽了水旱灾害的折磨。水利工作做的是开路的工作,"种树"的工作。水利工作本身就是为人民服务。假如中国的全部水能都能利用,那将是一件多么伟大的事业呀！水利工作是有前途的,将来不只诸位去做水利工作,我们还应该动员更多的青年去学习做水利工作。

2,【1950年8月24日】(《周恩来年谱》电子版,第459页。)
在中华全国第一次自然科学工作者代表会议上作题为《建设与团结》的报告,说：国家建设的方向和目标就是《共同纲领》所规定的要"建设独立、民主、和平、统一和富强的新中国,要把中国由一个农业国变为工业国。"但是,"道路是要我们一步一步去走的"。"我们所接收的旧中国满目疮痍，是一个破烂摊子。"应当看到，"我们决不能随随便便地在破烂摊子上建设高楼大厦，那是不稳固的，必须先打好基础才行"。"首先必须医治好战争的创伤，恢复被破坏了的工业和农业。"因此，我们"还需要经过三五年困难阶段，也就是恢复、整顿、调查和有重点地建设阶段，然后才能在全国规模上进行建设"。现在"要从几件基本工作入手"："第一，兴修水利。我们不能只求治标，一定要治本，要把几条主要河流，如淮河、汉水、黄河、长江等修治好。""第二，修筑铁路。""第三，制造化学肥料。""单说这几件大事，都需要科学家的努力。现有的专家不是太多而是不够。""现在愈接触各种事实，愈使我们感到这个问题的严重性。"因此，为了有效地工作，科学家必须团结，必须破除门户之见，"发挥集体主义的精神，打破个人主义的小圈子，群策群力，与群众结合，为新中国的建设而努力"。"大禹治水，为中华民族取得了福利，中国科学家的努力，一定会比大禹创造出更大的功绩。"

如果说少年时代的周恩来就具有大禹情结，身为总理的周恩来则把大禹定位为文明的开拓者、科学的先驱者，建设新中国所需的精神象征，治国理政的参考。

四，探究中日混成文化的亮点

1910年，龟山公园开放。角仓了以的铜像坐落在龟山公园的南口附近，建于大正元年即西历1912年，面向公园的入口。1917-1919年留学日本的周恩来考察岚山时，按照一般常识，也应该是必经龟山公园，在铜像前留步的。顺便指出，当时的铜像在第二次世界大战中被毁，第二代铜像建于1988年。试想如果周恩来关注到角仓了以的铜像，并且阅读了附近的解说碑文，自然会继续考察供奉角仓了以木雕的大悲阁千光寺的。

在此之前，周恩来或许没有想到：大悲阁千光寺所深藏的亮点与源远流长的中国文化竟然在此地混成交融。首先，寺内除了供奉角仓了以的木雕和纪念石碑之外，还悬挂着隐元的题词木匾："香门瑞现"。

王敏摄影

明末清初，隐元来到京都后，黄檗宗开始兴盛起来。追随和皈依隐元禅师的信众融入社会各阶层，世代相传，形成后来影响日本人民生活方方面面的黄檗宗文化。同时也成为在日本立足发展的华人世界的精神所寄托，自然形成清末以来留学日本的中国学生的乡愁所向。不难推测，周恩来逗留京都其间，对此有所关注。因为隐元与鉴真齐名，是中国人皆知的汉字文明的智慧代表，引领了日本社会文化的新一轮进化。

另外，"日本的大禹"角仓了以的木像被供奉在寺庙的正殿之中，纪念碑文特邀大儒家林罗山挥毫。与其唱和的诗文出自追随隐元赴日的高泉，其诗作被篆刻在寺院参道入口两旁的石碑。如此鲜明的中日混成文化之烙印，集中体现在位于岚山的大悲阁千光寺，势必引发出周恩来强烈的追踪溯源之念。高泉题词的"何人治水功如禹，古碣高镌了以翁"之内涵，势必牵动对大禹抱有特殊情感的周恩来的家国情怀，同时加深对日本的亲近感，对日本历史文化的深层关注。

从这个角度来考虑，周恩来在岚山触景生情，对比文化，整理对日本的考察体验，自然感悟到中日间不同于其他国家间的特殊的历史文化关系，感悟到中日两国共同拥有的共识素材：那就是源自中华汉字文明的教养体系和价值标准。落地日本的大禹信仰和践行大禹精神的角仓了以，正是反映汉字文明圈内不同地区相互渗透、相向而行的象征性案例，同时也折射出日本递进发展的本土特色，即对中国传统文化的深层借鉴。

因为古往今来，中日间共同使用的汉字表述造成两国之间在沟通方面障碍较小，得以相互借鉴、相互发展的交往是两国不同于其他国家之间的特有形态。不过，即使引进了大禹信仰等文化形态，日本坚持以本土为主体的核心考量从未动摇。正如"和魂汉才"概念所示。因此，对于日本而言，输入汉字文明犹如人体移植，不过是通过部分改造来激活固有的肌体，以其整体性的新一轮的发展和进化。

然而，对汉字文化圈有所体验的外国人和中国人来到日本之后，很快就可以发现自古以来落地日本的汉字文化要素，并随之发现的程度而加深对于日本的亲近感和认知度。相对而言，日本自身却难以产生与外国人同等的感受。因为那早已演变为日本人日常生活中的点与面，互为自然的存在。因之，日本与外部世界对于这一层面的认识程度是不对称的。

如果顺着这条思路推测，对于 1971 年 1 月 29 日，周恩来在人民大会堂会见日本乒乓球协会后藤钾二会长一行时的讲话内容，将赋予新的认识和解释。让我们再次回顾当时的讲话内容吧。

"我归国前在京都停留了一个多月。曾坐船穿越山洞，前往琵琶湖。琵琶湖十分美丽[21]。"

对于琵琶湖的魅力，世人公认，无需讨论。周恩来之所以选择了琵琶湖之行，事隔几十年后又再度提及，足见那山那水之秀美。但是，如果深究，选择琵琶湖之行的深层必有用意，笔者认为，琵琶湖之行后于岚山考察。因为了解到角仓了以的践行大禹精神之后，周恩来很可能查阅了相关资料。并且得知角仓了以晚年曾一度试图开发琵琶湖。尽管此设想在其有生之年难以付诸实施。

那么，周恩来是通过哪些途径了解并链接了上述信息的呢？对此，尚需考察考证。不过，目前可以举证三则。

第一，在本文周恩来的岚山路线考中，笔者引用1936年的电车图线，提出了周恩来岚山之行的起点站大概是四条大宫。现引用视觉效果甚佳的当今的相关线路图，再次审视从四条大宫到岚山的沿线魅力。

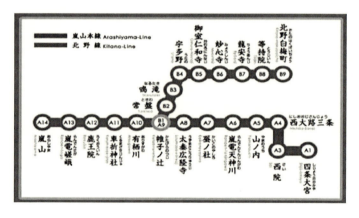

仅从汉字表记以及其含义来看，沿途的每一个站名的汉字内涵都令人直接感受到其间的中日"混成文化"的内涵，具有引人深入的诱力。2018年，800万中国游客造访日本的背景，也是基于这种经久不衰的京都的汉风魅力。而往昔的风物人情较今天更为酣烈浓重的1919年，年轻力壮的周恩来想必尽可能的探景访点，踏及可及之处。因此，其足迹有可能遍及隐元开山、高泉出任第五任住持的万福寺、角仓了以生活过的嵯峨旧居等等。

第二,1897 年即明治 30 年发行的权威性少年杂志《少年世界》中刊有角仓了以的传记:"治水长者"。这足以说明角仓了以在当时属于榜样式的人物,尤其在青少年中被广为推荐和崇敬。时隔该传记发行 20 年之后的 1919 年,角仓了以的模范形象当依然光辉,而以酷爱藏书而著称的日本各界当珍惜和保存这部杂志。刻意通过广泛阅读而了解日本的周恩来,大概掌握着风靡一时的角仓了以的信息,因为其榜样的力量在日本社会尤其是青少年当中发挥着重要的作用。

第三,周恩来在京都下榻的吴瀚涛家中也会阅读或获悉角仓了以的材料。因为吴瀚涛专攻国际法,对于角仓了以所开拓的海运贸易,以及其所处理的法律问题当有所考察。加之对于吴瀚涛和周恩来二人而言,寻求救国的方向和方策是当时最为关注的共同点,海洋贸易和国际通商最起码是他们考量中的一个话题。

周恩来在京都大概有两个住处。其中一处就是友人吴瀚涛家中。笔者根据《周恩来旅日日记》[22]所记录的这一地址,进行实地考察,发现昔日吴瀚涛家的住址已经变成了京都左京区政府所在地,邮编是〒606-8511,日语标记是:京都市左京区松ヶ崎堂ノ上町 7 番地 2 号。

还有一种说法,说是周恩来逗留京都时曾经在大德寺芳春院居住。据笔者考察,大德寺是一处临济宗禅院,建于 1325 年,地址是:京都府京都市北区紫野大德寺町 53 号。坐落其间的芳春院,为加贺藩主前田利家(1538-1599)的夫人松子建成,时当 1608 年。现今,该院仍是游人必选的风景胜地。但是,并未留下周恩来曾经留住的资料和传闻。

至于吴瀚涛(1894 − 1988)其人,字涤愆,祖籍河北乐亭,吉林永吉人(今吉林九台)。少时就读私塾、吉林陆军小学等。

中国国民党员。1914年考入天津南开学校时，和周恩来是同桌。少年时代的周恩来，面容清秀性格腼腆，有时难免遭受委曲。吴瀚涛身材高大健壮，性格爽朗，喜爱摔跤，经常挺身而出，为小同桌打抱不平。二人从此结下了深厚的友谊。他们还共同出版季刊学报，参加反对"二十一条"运动等等。

吴瀚涛1916年赴日留学。1917年春，考入东京第一高等学校特设预科。1918年，为反对段祺瑞政府密借日款，乃随同王兆荣等归国开展抗日宣传活动。事后返回日本，入京都第三高等学校文科、东京帝国大学法学部，研究国际公法，尔后又去美国留学并取得博士学位。1930年回国，任江北大学、北京大学教授，兼《外交学报》总编辑。后历任华北绥靖公署参事、东北外交委员会常务委员、兼任国际联盟调查团中国代表处专门委员。1933年任监察院监察委员，又历任国立中央大学教授、军官训练团政治教官等。1938-1940年监察院秘书长、第一战区巡察团主任委员。1945年任合江省政府主席兼保安司令。1947年兼国民政府主席东北行辕政务委员等。辽沈战役后逃亡台湾，1988年12月去世。

虽然政治见解不同，吴瀚涛却真心敬佩周恩来正义凛然、兼容并蓄的气度与才华。对于周恩来的京都之行，吴瀚涛不但负责食宿，很可能还抽空兼任了导游。

不过，对于周恩来寓居吴家的事实还有待于发掘。

据此可以推测，琵琶湖与岚山考察和京都之行可以视为互融互动的，这些关注点从角仓了以开始，从结果上将大禹、隐元、高泉等人物有机地链接为一处，形成了周恩来了解日本、从历史文化切入考察中日关系的第一手资料网，为日后对日外交的推进和定位民间外交的施策积累了坚实可靠的素材。现在看来，周恩来在留日期间就有意识收集、链接和整理对日思考的素材了。因此，周恩来雨中二次游岚山实为必然。

五，人文关怀的视角

周恩来的人格魅力是内外公认的最大亮点。诚然，构成人格魅力所需的条件是立体、综合性的。即便对于日本这样与中国恩怨交错的地域的观察，周恩来依然没有放弃人文关怀的视线。这是因为人文关怀已经成为周恩来的人格魅力中不可或缺的要素。仅通过周恩来结合留学日本的体验而发表的四则感受，便足以说明。

1971年12月22日，周恩来在致南开同学陈颂言的信中，谈到了吃日本餐食鱼时写道："弟则甘之如饴，大似吾家乡食鱼风味。"[23]

日记原文：《致陈颂言》（1917年12月22日）

食日本餐，食多鱼，国人来此者甚不惯食，弟则甘之如饴，大似吾家乡食鱼风味，但无油酱烹调，以火烤者居多。

1918年2月4日日记

"我自从来日本之后，觉得事事都可以用求学的眼光，看日本人的一举一动、一切的行事，我们留学的人都应该注意。我每天看报的时间，总要用一个多小时。虽说是光阴可贵，然而他们的国情，总是应该知道的。"[24]

中央文献出版社1990年版《周恩来外交文选》中记载了周恩来对于日本的综合感受：

"我在日本生活，对日本的印象很深，日本有非常优美的文化。"[25]

"日本人民勤劳勇敢叡智。"[26]

不难看出，上述感观均基于人文关怀的视角。这与同一时期的周恩来对于岚山的关注角度同出一辙。取自这种角度，怎能不对大禹信仰在日本的传播不产生探求之心呢。又怎能不把中日历史文化的交融点本能的连成一条线呢。即便在担任总理要职期间，周恩来的言谈之中也时常闪烁出明显的人文光泽。例如：

1956年11月6日，周恩来会见日本客人时说："过去几年，我们曾经协助三四万日本侨民回国。他们在战后期间，给我们做了有益的事。我们很想念他们。目前也有不少日本妇女在中国和中国人结婚，但是家在日本，她们很想回家看望家人。我们两国已经是亲戚的国家了。"[27]

1961年2月28日，周恩来对来访的客人说："中日两国经历了战争以后，出现了新的因素。不少日本人从中国回去，也有不少日本人留在中国。战争本来使人对立，但也增加了相互的接触和了解。诸位知道，五千多日本妇女同中国人结婚了，这是历史上少有的，两国已经有了亲戚关系。"[28]

"1945年8月15日以后，日本军队放下了武器。在那一天以前，我们打了十五年的仗，可是，一旦放下武器，日本人就跟中国人友好起来，中国人也把日本人当做朋友，并没有记仇。最大的、最生动的一件事，就发生在东北。当时有许多日军放下武器之后，并没有回国，而是和一部分日本侨民一道参加了中国人民解放军，有的在医院当医生、护士，有的在工厂当工程师，有的在学校当教员。昨天还在打仗,今天就成了朋友。中国人民相信他们,没有记仇。大多数的日本朋友,工作很好,帮助了我们,我们很感谢他们。他们完全是自愿来的,不是我们把他们俘虏了强制他们来的。去年大多数都被送回国了,有两万六千多人。你们不信,可以回去问问他们。曾经打过仗的人,放下武器以后就一起工作,而且互相信任。很多中国人受了伤,请日本医生动手术,病了请日本女护士看护,很信任他们。在工厂中,中国人信任日本工程师,一同把机器转动起来。在科学院,中国的科学工作者相信日本科学工作者的研究成果。这是友谊,可以说是真正的友谊,可靠的友谊。"[29]

1954年10月11日会见日本客人时说:

"近百年来日本在经济上、文化上都走在我们的前面,经过明治维新后,日本工业化起来了。中国过去很长时间,各方面都是落后的。大家都说中国的文化古老,那是在过去,历史上是有它的地位的,但近百年来中国的发展是落后的。"

"近八十年来,中国学西方文化,许多是通过你们那里最早学来的。中国还活着的老一辈人,现在从事政治活动的,很多都在日本留过学。在座的郭沫若先生,就是留日生的重要代表人物,他曾经在你们的帝国大学学过医。日本文化给了我们这些好处,我们应该感谢。"[30]

1972年4月21日,周恩来会见三木武夫及其随行人员时说,历史上就如你说的,一衣带水,关系那么久,中间只有半个世纪,50年,不单中国人民,而且日本人民,也受了日本军国主义的灾难。因为受了军国主义之害,中国人民觉悟起来了,团结起来了,所以才得到解放。你们,由于军国主义直接使你们的广大人民受害，战后才有越来越多的人民反对军国主义复活。所以我们两国人民都是军国主义这个反面教员使我们觉悟起来的。[31]

1954年10月11日，对日本客人说：

"诸位先生可能会问，过去日本侵略中国，今天中国强大起来了，不会威胁日本吗？这一点，我可以向诸位保证，我们的确是为世界和平而奋斗的。""所谓'同文同种'也好，'共存共荣'也好，不是为侵略别人，也不排斥别的国家，我们为的是和平共处。""按照正常的往来，中日的文化交流，有很大的发展前途，关键就是要和平共处，谁也不要存别的心思。"[32]

当然，上述引用内容不过是片段性的部分而已，还有更多的资料有待于整理和解析，但并不妨碍我们认识周恩来的日本观是带有浓厚的人文关怀色彩的。

周恩来侄女周秉德女士亲自向笔者讲述的往事就是这方面的令人感动的故事。

1972年9月25日，为配合日本首相田中角荣、外相大平正芳的访华，习惯通宵工作的周恩来特意交待工作人员："我要将生活习惯调整得跟田中比较接近，晚上10点钟之后就不要送简报给我看了。"因为田中首相习惯早上5点起床。对田中的生活细节，他事先都了解得很清楚，比如国宴上演奏的是田中家乡的歌曲，田中听了很意外，也特别高兴。

正是这种对于世间人物予以广泛的人文关怀习以成性，周恩来才修炼出对于异国日本的冷静与客观，造就了审视周边的柔性多元，润泽了对外工作的潜在效果。也就是说，贯穿周恩来一生的人文关怀视角助力其认识能力的卓越，进而辅助他能够有礼有节的处理国际交往。

六，中学时代的日本观

2013 年，正值周恩来入南开中学学习 100 周年之际，由天津南开中学、中央文献研究室第二编研部编著，人民出版社出版的《周恩来南开中学作文笺评》问世了。观题可知，此书是对周恩来在南开求学期间所写作文的汇集、整理及点评。该文集表明，周恩来在 1917 年去日本留学之前的南开中学时代就十分关注日本动态。在他的作文中，数次提到了日本。

1913 年至 1917 年间，就读于南开中学的周恩来共完成了 52 篇作文。在旅欧之前，这些手稿由周恩来亲自装订成册并交由好友保管，在经历了战乱及时间的洗礼之后，该书将这 52 篇文章按时间顺序编辑整理刊行。

进入南开中学的周恩来年仅 15 岁，他对日本的关注视角，透过作文清晰而见。其最大的特点就是把对日本的关注置于心怀天下、忧国忧民的框架。下属表格的内容就是对相关作文内容的整理。

表中提到的纪夏井出身日本平安时代（794-1192）的贵族家庭，858 年出任赞岐守以来，清廉亲民，深获当地好评，任职期满之后又延期两年离任。除此之外，日本文献中尚未发现其他详尽记载。周恩来对于这样一位名不见经传的人物的提及，大概认为他为民奉职之处可取吧。由此可见周恩来的政治着眼点，并发现他所掌握的日本知识之丰厚。

不得不指出，周恩来的广泛的对日认识与同在南开中学就学的一位低年级同学有关。他的名字叫陶尚钊（1903—1922），祖籍绍兴。他 1903 年出生在奉天（今沈阳），1917 年进入南开中学，与周恩来交往密切。因二人不仅是同乡,二人的祖母还是堂姐妹关系。

时间	题目	内容	备注	页码
1915年春	《与友人预约春假旅行启》	至于旅行之地点,弟意以济南为宜。盖籍此行以观日人进兵之举动,与我官吏之措施	书信。将旅游计划定在济南,考察日本人的动态	74
1915年秋	《子与氏不言利,司密氏好言利,二说孰是,能折衷之欤》	1、处今神州存亡危机之秋,一发千钧之际,东邻同种,忽逞野心 2、盖今之所谓战者,乃由于日人逼我甚,不得已而欲出此耳	"救中国之根本计划"	110
1915年冬	《海军说》	东瀛亦以岛国,一战而败我,再战而胜俄,占台湾,据朝鲜,居近世之后起,为黄种之出色		117
1915年冬	《或多难以固邦国论》	1、马关之议,日人凌我 2、同种东邻,乘欧战方殷之际,忽来哀的美敦之书。政府无后盾,国民无先驱;忍耻受辱,逐条承认;五项要求,犹言后议。	哀的美敦之书:Ultimatum、最后通牒	125
1916年9月19日	《致同学饧友启》	得悉轮飞兄考入留东官费,不日即将东渡。		246
1916年11月	《今之忧时者,佥谓国匮民贫由于世风奢靡,然泰西学者研究奢靡问题界说不一,波利比阿谓奢靡由于习惯,纪夏井谓奢靡由于性质,二说然否,试探本言之》	1、至若扶桑,则其维新不及半纪,文明新机,方在萌芽时期,故其国民生活远逊于西邦。 2、至纪夏井,则日本之士也,去今未愈半纪,距上古醇熟厚风之世,已将望尘不及。故其发为言也,则曰奢靡出于性质。盖习久成性,奢靡本属习惯,及今则无所谓习矣,性焉而已。日本地狭民稠,设奢风普于三岛,则图强非易行,且流于贫弊之邦矣。故纪氏虑日人之不求文化,步武欧美,而唯生活高尚是务也。于是揭性质之帜,以冀日人聆斯言有所动于中,知性质之非易革,而遂致力于俭朴以力矫之也。瞩目东瀛,其国民勤俭朴实之风,未始非纪氏之力也。		275

(出典:《周恩来南开中学作文笺评》天津南开中学、中央文献研究室第二编研部编著,人民出版社出,2013年)

1919年9月16日，天津学生成立了以归国后的周恩来为领导核心的"觉悟社"，成员共21人。陶尚钊在周恩来的影响下，也加入了觉悟社。1920年1月23日和29日，天津警察厅逮捕了包括周恩来、马骏、郭隆真（女）、陶尚钊等觉悟社成员在内的27名爱国学生。提前出狱的陶尚钊出狱后，根据周恩来的指示，多方开展营救活动。1920年7月17日，周恩来等其他所有爱国学生获得释放。

而后，在其兄长陶尚铭的资助之下，1920年11月7日，周恩来与陶尚钊一起从上海起航赴法留学。1922年年底，陶尚钊在宿舍用酒精炉煮食物，不慎发生火灾，意外身亡，年仅19岁。不言而喻，是周恩来为同甘共苦的亲友处理了后事。

这情同手足的陶尚钊之父陶大均（1858——1910），是晚清著名的"日本通"。 1872年，他官费留学日本。1879年供职横滨的中国驻日领事馆，当时清政府派出的驻日公使是黎庶昌。1891年北京同文馆组建东方馆，陶大均回国任教习。1895年，随李鸿章赴日签署《马关条约》。回国后，在李鸿章的提携下，出任外务部左丞等要职。1910年7月，陶大均于任上去世。他一生经历了甲午战争、戊戌变法、义和团运动，两次参赞李鸿章幕府，著有《中日战纪》2卷，《戊戌政变纪要》1卷，《庚子劫余录》3卷，《平寇文存》4卷，《劫余委游草》1卷，《平寇公牍》5卷，《平寇日记》13卷。

与陶家父子的关系自然涉及到日本，陶大钧陪同李鸿章赴日签署了《马关条约》。这一重大历史事件也必然成为周恩来关注的焦点。因为关心国家大事,有志献身国家是周恩来自幼的理想。正如中共中央文献研究室编辑、中央文献出版社出版的《周恩来年谱（1898-1949）》中所记载的那样，1910年，转入奉天省官立东关模范两等小学校的少年周恩来就发表了要"为中华之崛起而读书"的心愿。因此，周恩来不会忽略身边事关国家重大利益的马关条约的当事人，也必然由此引发出对于日本的格外瞩目。无论是与日本通家族的交往，还是构思中学时代的作文，这些都与周恩来的读书目的归结于一处，融汇形成为中华之崛起的远大理想。

---

8 见中共中央文献研究室、南开大学编《周恩来早期文集》上卷，中央文献出版社、南开大学出版社1997年7月版，第311页。下一段日记引自该书第313页。
9 因为周恩来早年过继给他的叔父，这里所说的四伯、干爹，指他的四伯父周贻赓和父亲周劭纲。
10 新中学会是1917年7月，东京水产学校的杨扶清、张国经；留日学生、原南开中学的马洗凡、童冠贤、高仁山、刘东美、陈铁卿、杨伯安；日本法政学校的李峰、黄开山等，共同在东京发起成立的留日学生团体。新中学会以"赤心"为会徽，以联络感情，砥砺品行，阐明学术，运用科学方法刷新中国为宗旨。
11 安体诚（1896--1927），河北丰润人。1917年入京都帝国大学经济部学习，东京新中学会会员。1921年回国，1927年5月牺牲于上海龙华监狱。
12 于树德（1894---1982），天津静海人。1917年入京都帝国大学读书，东京新中学会会员。1921年回国，后与李大钊同志并肩战斗。新中国成立后，担任第一、二、三、四、五、六届全国政协委员，第五届、第六届全国政协常委。1982年病逝。
13 马洗凡（1892--1946），河北昌黎人。新中学会创立人之一。1946年病逝。
14 童冠贤（1894--1981），河北阳原人。新中学会创立人之一。1926年回国，1948年任立法院长。1981年在加拿大病逝。
15 杨扶清（1891---1978），河北乐亭人。1915年留日，1920年回国，奉行实业救国。解放后，曾任水产部副部长，全国人大代表。
16 张子伦（1894---1959），河北乐亭人。1915年留日，1920年回国，与杨扶清一起创办新中罐头食品厂。
17 《周恩来南开中学论说文集》，人民出版社2014年版，第37-38页。
18 同上，第166页。
19 同上，第204页。
20 同上，第206页。
21 《周恩来外交活动大事记（1949-1975）》，世界知识出版社1993年版，第145-146、577-578页。

22 《周恩来旅日日记》中共中央文献研究室、中国革命博物馆编中央文献出版社，1998年。
23 中共中央文献研究室・南开大学编 (1998).『周恩来早期文集（1912 年 10 月 -1924 年 6 月）』上卷．中央文献出版社・南开大学出版社，P304.
24 前揭书，P327.
25 中华人民共和国外交部・中共中央文献研究室 (1990).『周恩来外交文选』．中央文献出版社，P90.
26 中华人民共和国外交部外交史研究室 (1993).『周恩来外交活动大事记 (1949-1975)』．世界知识出版社，P88.
27 中华人民共和国外交部外交史研究室 (1993).『周恩来外交活动大事记 (1949-1975)』．世界知识出版社，P168.
28 中华人民共和国外交部・中共中央文献研究室 (1990).『周恩来外交文选』．中央文献出版社，P305.
29 同前，P88.
30 同前，P90.
31 中华人民共和国外交部外交史研究室 (1993).『周恩来外交活动大事记 (1949-1975)』．世界知识出版社，P583, P629.
32 《周恩来外交文选》，中央文献出版社 1990 年版，第 87-90、495 页。

第三章
"疏通"引来民间外交

一,对日民间外交的启示

1919年,周恩来决定回国开展革命运动。在回国之前,他来到京都与友人道别,并游览了京都,而《雨中岚山》与《雨后岚山》一诗的开头都有提到,是二次游岚山。在此可展开的推测是,一游岚山可能是景点采风。而特意第二次来到岚山的理由,恰如前文所述,专为考察被称为"日本的大禹"角仓了以及相关事迹,同时祭祖行孝,以抒发来自大禹故乡之子的家国情怀,思考治国之道。这正是周恩来雨中二次游岚山的原由。

在此,让我们再次重温《雨中岚山》中的诗句。

潇潇雨,雾蒙浓;
一线阳光穿云出,愈见姣妍。
人间的万象真理,愈求愈模糊;
——模糊中偶然见着一点光明,真愈觉姣妍。

这"一点光明"中也包括在岚山感应到的一线启示。具体来说,周恩来在寻求救国真理的过程中,也收获了来自岚山的启示。其中,角仓了以始终不渝的践行大禹模式,运用科学的方法繁荣了社会,开拓了国际贸易的市场,在一定程度上实现了致富扶贫的愿望。

在中国，拯救民众遭受水灾之苦的上古科学家也是大禹。中国人自古以来都以像大禹一样具备智慧和道德者为理想模式。然而，没想到在日本的岚山居然屹立着不仅以大禹为模式，而且成功的实践了该模式者的铜像，不难想象周恩来当时所受到的震撼。联想中国军阀割据、民不聊生的混乱状况，在"潇潇雨，雾蒙浓"之中，角仓了以的形象越显高大，对科学的治国的祈求就像"模糊中偶然见着一点光明"。有理由推测，周恩来在角仓了以像前大概思索了许久。

在治理新中国初创的千头万绪之中，周恩来依然多次提起大禹，定位大禹是科学家的先驱，有意识地运用大禹精神于现实。在致力于为民造福的水利事业时，也许周恩来的潜意识中也闪现出角仓了以的铜像。因为角仓了以所体现的精神和开拓的事业能够作用于境外，更应该为中国自身所动，成为新中国初期发展阶段的借鉴。

周恩来与大禹精神的关联是毋庸置疑的深刻的。这也是建国后周恩来为了治水四处奔走，对全国水库建设，对治理淮河，治理黄河，利用长江，建设世界级的水利工程等宏伟事业，都紧密相关。

在岚山考察时代的周恩来大概不会忘怀，大禹和角仓了以使用了同样的治水方法：即疏通或者叫疏导。这一点已被1939年周恩来返乡时讲话的内容所证实。

"在抗日战争中，我们应该学习大禹和其故乡的英雄勾践，学习他们忍辱负重和奋斗的精神。""在人与自然的对立上，大禹是先驱者。在科学刚萌芽的时代，要战胜自然绝非容易之事。中国历代统治者都没有掌握治水的方法，不是采取诱导的办法，而是采取压制的办法。所以独裁者必定会遭到反抗而失败。"

周恩来提到的"诱导"，在治水方法论中称"疏通"或者"疏导"。建国后,他提倡"民间外交",并引导中日两国从"敌对关系"向"疏通"转换,以达成和平友好条约的成立。这一历史进程也可以解释为以民间力量为主体,运用"疏导"方法而疏通的外交结果。也是实现中日关系正常化初期阶段的以民间力量为主体的特殊模式的记录。

周恩来对于治水的疏通或疏导方法的借鉴集中体现在以民间力量为主体的外交实践方面,更具体的说,尤其体现在推动中日间的外交运作现场。为什么周恩来如此对于日本的民间寄予期待呢?如果站在中日两国共同拥有的源自汉字文明的教养平台上俯瞰,民间自然广泛拥有共识和共鸣。对此,仅以周恩来自身所生活的体验和对岚山的考察收获为参考就可以整理得出。因此,周恩来在决策民间外交的正式启动之际,也许脑海中浮现出角仓了以等岚山考察时的群像亮点,并且再次回顾了当年的《雨中岚山》诗作:"模糊中偶然见着一点光明"。

因此,在建国伊始的 1953 年 9 月,周恩来会见了日本拥护和平委员会主席大山郁夫,这是新中国成立后中日之间没有外交关系的情况下,中国总理接见的第一位日本人。周恩来如此阐述了中国政府对待日本的基本态度。

中国主张恢复与世界各国的正常关系,特别是与日本的正常关系。

这具有划时代意义的重要讲话内容记载在 1955 年,由世界知识出版社发行的《日本问题文件汇编》中,标题是《周恩来总理接见大山郁夫并就中日关系发表谈话(1953 年 9 月 28 日)》,详见第 116-118 页。

紧接着,1955 年 2 月 26 日,《人民日报》发表了《日本人民面临着两条道路》的社论。社论指出："日本是中国的邻国，在日本军国主义失败后，中国人民希望中日两国的正常关系能够迅速地建立起来，并向着和平友好发展。"原文被收录在1958年由世界知识出版社出版的《日本问题汇编 第二集》，第4页。

这是经过长期深思熟虑而推出的对日民间外交的正式启幕！

二，对日民间外交的实践

如前所述，在新中国建立前，周恩来以人民为主体的理政治国以及民间外交的思想已经具备雏形。在建国伊始的1950年代，新中国在世界上还处于孤立状态，急需巩固国际地位。然而，由于1950年朝鲜战争爆发，东亚冷战格局的形成，美国提出了"台湾地位未定"论，确立了对日和约新方针（将日本作为反共同盟国及早实现单独媾和），限制对社会主义国家输出战略物资和技术，使得中国更加陷入困境。

1951年旧金山和会召开，美国将中国排除在对日和约谈判之外，中国未能参加盟国对日和约拟定和签署工作。对此，周恩来代表中国政府发表了坚决不承认旧金山和约的声明。而台湾当局为了能够取得同日本缔约的"正统地位"，承认了和约。于是，1952年4月台湾当局同日本签订了"日台和约"。

这一时期，国际形势的格局凸显出日本的存在，驱使中国外交的主攻方向必须面对日本。

朝鲜战争停战后，周恩来敏锐地抓住国际局势相对缓和的时机，经中央决策，大力推行并发展和平政策，同一批国家建立了新型的平等关系，打开了中国外交的新局面。他提出了国与国之间关系的和平共处五项原则，同印度、缅甸两国总理共同倡议，将五项原则定位为国际关系的普遍准则。

从1956年底到1964年初，他三度出访亚非28国，支持它们争取与维护政治、经济独立的斗争，建立与发展同它们的友好合作关系，产生了深远影响。与此同时，积极寻求同发达的资本主义国家建立与发展关系的途径。针对日本，他提出了"民间先行、以民促官"的方针，展开了独具特色的民间外交。

周恩来长期以来致力于现场指导，具体引导民间外交的顺利运转，却无暇专门阔论针对日本的民间外交思想的理论。不过，1990年由中央文献出版社发行、中国外交部、中央文献研究室所编辑出版的《周恩来外交文选》中就有几则收录。

例如，在一次中国驻外使节会议上的讲话节录《我们的外交方针和任务》（一九五二年四月三十日）中，牵涉日本的部分如下：

> 我们要团结世界各国的人民，不仅兄弟国家的人民，就是原殖民地半殖民地国家和资本主义国家的人民，我们也都要争取。但就外交工作来说，则是以国家和国家的关系为对象的。外交是通过国家和国家的关系这个形式来进行的，但落脚点还是在影响和争取人民，这是辩证的。
>
> 同我国已建交的东南亚国家，过去是殖民地，现在不仅形式已经改变，有自己的国会与政府，同时人民的觉醒也使得帝国主义不能不改变过去对殖民地的一套办法，而由当地资产阶级来统治。在这种情形下，如果现在还有人说它们是殖民地，那是不切合实际的。即使是现在的日本也不能说是美国的殖民地。日本人民的主要斗争对象有时是美国帝国主义，有时是本国政府。由帝国主义直接统治的才是殖民地。东南亚国家在战争与和平问题上同帝国主义有矛盾，我们要在战争时争取它们中立，在和平时争取它们同帝国主义保持距离。

基于当时国内外形势所需，民间外交的实践先行于理论。而实践的突破口首先从经贸交流方面得以展开的。

1952年春，在莫斯科国际经济会议召开之前，周恩来得知日本参会的信息之后，立即安排中国代表团团长南汉宸以中国人民银行行长的名义，与日方接触。并于3月15日面嘱即将出发的中国代表团负责人，要他们届时主动邀请日方与会者交流，邀请他们访华。于是，1952年5月，高良富、帆足计和宫腰喜助三位到达北京，6月签订了中日贸易协定。这是新中国迎来的战后第一批日本客人。中日间签署的战后第一个中日民间贸易协定。

1953年9月，日本国会通过了促进日中民间贸易的决议。10月，中国贸易促进委员会同日本国会议员促进日中贸易联盟代表团在北京签订了《中日贸易协议》，其目的是"开展中日两国之间的贸易，加强中日两国人民间的友谊"。同期还签定了第二次民间贸易协定。从此，中日之间的贸易关系以"人民间贸易"的形式得以恢复。中日民间贸易渠道趋向通畅，日本各界人士接踵来到中国。同年启动了遣送日侨归国的工作。

1954年，特赦日本战犯。周总理接见日本文化学术代表团和超党派议员团。中国红十字会代表团访日，是战后第一个踏入日本的中国代表团。

1955年，中国经济贸易代表团访日，签署第三次民间贸易协定。

1956年，日本旧军人代表团访华。

此后，在周恩来的主导和推动下，中日两国民间团体又陆续签署了渔业、侨民、文化、科学、工会等诸多协议，交往日益增多。

随后中国政府以"民间外交"为通路，推动中日两国朝着国交关系正常化的方向发展。这一系列中日两国以人民为主体的交往铺垫了民间外交思想的基础，其相关运作也从结果上构成了民间外交思想的重要实践。

然而,1958年5月,日本岸信介政府上台后所发生的长崎国旗等反华事件,中日民间交流一度进入低谷。中国政府不得不于1958年5月宣布中断两国间的一切经济文化交流。这期间,周恩来通过尚未完全断绝的人员往来,主动邀请政治家、实业家以民间身份访华,以便了解、掌握现场情况,寻找修复关系的突破口。还积极的提出了打开僵局的"政治三原则",要求日方:不执行敌视中国的政策,不制造"两个中国"的阴谋,不阻碍两国关系正常化。周恩来在会见贸易界人士铃木一雄等日本朋友时又提出了"贸易三原则"(即政府协定、民间合作、个别照顾)和政经不可分的主张,强调贸易三原则必须与政治三原则相联系。以应对新一轮的中日关系的相对稳定发展。依靠以民间为主体的外交,最终使得两国关系再次回归正常的轨道。

在中日两国经贸交流走势良好的形势之下,周恩来不失时机的发出了推进文化艺术交流的方针,希望从文化的层面推进两国人民间的相互理解。于是,1956年,由梅兰芳任团长的中国艺术团访日,获得空前的好评。1963年,日本各界掀起了要求恢复中日邦交的签名运动。日本围棋界平日很少在公共场所露面的高级棋手,背上高音喇叭到东京最热闹的街头演讲,以争取群众签名。1971年,中国乒乓球代表团参加了日本名古屋举行的第31届世界乒乓球锦标赛。被称为"乒乓外交"。1972年,中国上海舞剧团赴日演出了芭蕾舞剧《白毛女》。这些活动都是在民间外交框架之中的运作。

周恩来对于民间文化艺术交流的方向把握显然基于留学日本的体验和考察。关于留日体验的重要意义,可参见世界知识出版社发行的《研究周恩来——外交思想与实践》中收录的夏衍论著:《永远难忘的教诲》。其中,记述了周恩来于1955年7月的重要指示等内容。

1，对已建交的国家要以政府外交为主，民间外交为辅，对未建交的国家，则民间先行，"以民促官"。

2，建国初期，日本政府坚持敌视中国的政策，尽管1952年帆足计和高良富等来华，开始了民间贸易，但是障碍很多，进展不大。就此周恩来教导我们说，对日本既要正视60年，但也要考虑两千年。从甲午战争算起，日本侵略我们达60年，中国受到了无可估计的损害。但日本和我国是一衣带水的近邻，从汉唐以来就有悠久的友好交往。日本人从人生哲学、经济文化，到生活习惯，和中国都有切割不断的联系。所以在当前的情况下，和日本打交道，太迁就不行，太勉强也不行。太迁就它，中国老百姓不答应，太勉强了，日本政府也办不到。所以，需要"瞻前顾后，日积月累，水到渠成"，就是先从文化、体育、贸易做起，开辟和扩大各种民间渠道，广交朋友，以民促官，汇细流成江河，一旦瓜熟蒂落，争取在和平共处五项原则的基础上，达到建交的目的。

该书还提到周恩来主张对话形式的外交效果：

在开展人民外交和经济、文化交流的过程中，周恩来很注意双方对口，以加强效果。并记述了周恩来爱说的一句话："兵对兵，将对将"，各行各业要畅通，同行同业有共同语言，交换意见是很有益处的。为此，他要求各个领域都应注意学习对方的长处，强调每一个国家都有长处可学，决不能有大国沙文主义的任何表现。显然，这是包括外交在内的，为人做事的可取姿态。

在江培柱、邱国洪中的《中日关系舞台上的辉煌乐章》中，记述了周恩来关于对日外交几个重要阶段的思索和对策的精辟论述。首先，针对建国初期的以民促官阶段，周恩来采取了从经济、文化交流开始，从增加人民交往开始，从增进民间团体协商开始来打开中日关系。因为他看清了问题的实质所在。即只要人民互相来往通商，友好合作，日本人民的大多数就会认识到中日之间恢复邦交首先对日本人民有益，对中国人民也有益，从而推动日本政府改变政策。他指出："尽管中日两国还没有恢复正常关系，而且按照国际法还存在着战争状态，但是这些并没有妨碍两国人民的友好活动和签订民间协议。这样先从民间的频繁往来并且达成协议开始，把两国关系大大地发展，最后就剩下在外交上宣布结束战争状态、恢复正常关系了。"稍后，他又满怀信心地预言："照国民外交方式搞下去，日本团体来的更多，我们的团体也多去，把两国要做的事情都做好了，最后就只剩下两国总理外长签字和香槟酒了。"

之所以对待中日关系如此尽心，是因为早在50年代初，周恩来就已经明确宣告："我们主张恢复与世界各国的正常关系，特别是与日本的正常关系。"这是周恩来源于日本体验的坚定信念。这段话的出处请参照本章一，"对日民间外交的启示"。

周恩来的日本认识还基于史学视角。

1954年10月，他在接见日本学术文化访华团时说："历史上，我们的文化彼此交流，互相影响。按照正常的往来，中日的文化交流，有很大的发展前途，关键就是要和平共处。"

周恩来的话虽然只有四十七个字，却指出了促进中日和平关系发展的目的、方向和方策。

他借鉴史学的视角，将现实中的中日关系置于近两千年来的两国交流史实和智慧之框架，明确指出两国之间正常交往的核心目标当为和平，具有可行性和发展性的实现渠道首推文化交流。而以和平为目标的文化交流需要经贸交流相向而行，以广泛的民众为主体，才能够得以实际性的推进和实施。笔者认为，这就是以中日关系为对象，以经济文化为载体，以民间外交为特色的中国式对日民间外交核心思想的体现。

周恩来基于史学视角的对日思考还可以对照周秉德女士提供的内容加以印证。

那是1972年送别田中角荣首相时，周恩来说："我们和日本的交往，有两千多年的历史，有半个世纪的对立。今天，我们已经看到时代螺旋式地前进了。"

不难想象，建国初期的周恩来日理万机，无暇梳理和阐述相关的概念和定义。相对而言，他倾尽心血付诸于实践。为此，他不仅主张"民间先行，以民促官"，而且身体力行，自1953年7月1日至1972年9月23日的中日邦交正常化前夕，19年中他共会见、接见日本客人287次，323个代表团次（或批量客人）。他广泛接触了日本的政治、经济、文化各领域，工、农、商、学社会各阶层，不遗余力推动中日关系的深入发展。笔者认为，这就是以人民为主体，以践行为方法的民间外交、人民外交的要点。也是实践性民间外交、人民外交思想的特点。

之所以定位人民为主体，践行为方法，是为了卓有成效的实现促进中日和平关系发展的目的。这一系列互为循环的对日思索，超越了一国利益，打动了异国国民的心扉，自然在日方引发了共识和共鸣。对此，让我们再次引用周秉德女士的讲话内容：

周恩来对总理对于中日关系的构想，并不止步于邦交正常化，而是要追求世代友好。所以在中日邦交正常化以后，他依然特别重视两国的民间交往。即便重病在身，他也要坚持在医院里会见池田大作。池田大作说道："关于日中友好关系，总理终究是以民为本来着想。一纸条约，容易生变。总理的想法是:'只有树立民众彼此真挚的理解、信赖关系,才能有真正的中日友好。'"

　　日本人民崇敬和爱戴周恩来总理。2011年8月日本NHK电视台连续四天在黄金时间播出了专题片《周恩来》。这部专题片在日本极受欢迎,甚至日本皇后都在观看。日本前首相三木武夫曾经赞叹道:"没有一个外国政治家,像周恩来总理那样在日本各阶层人民中间有那么多的朋友,得到那么多的尊重!"

　　关于周秉德女士在讲话稿中所提及的皇后观看周恩来的纪录片这一事实,请允许笔者简单介绍相关背景。2012年4月20日下午,周秉德女士一行来访王敏研究室之后,当晚9时,皇后亲自给笔者打来电话,表达了日本对周恩来和平贡献的尊敬和感激。不言而喻,笔者当下便将电话内容转告给了周秉德女士。因为有此前因,周秉德女士在发表相关讲话之前,特意将讲稿发给笔者,核实皇后的电话内容,以表对于皇后的敬重。

　　2017年8月29日,笔者拜访了周秉德女士,并就2017年9月8日,周女士在人民大会堂召开的纪念中日邦交正常化45周年的讲话稿内容交换了意见。

2017年8月29日于周秉德女士家中左侧为笔者。

左二周秉宜女士、左三王敏、左四大平正芳前总理的坚强支持者铃木岩男先生

周恩来亲属们忠实的秉承周恩来的对日民间外交精神，退休之后依然尽力呵护中日间的和平友好。2016年11月5日，位于香川县观音寺市的大平正芳纪念馆举办开馆仪式时，周秉宜女士夫妇特意从北京赶来出席，并发表了真挚感人的致辞。

周秉德女士还告诉笔者说：1972年，中日关系终于走上了正轨。有人一度认为"民间外交已完成历史任务"。周总理针对这一倾向又及时提出了"官民并举"和"不忘老朋友，广交新朋友"的方针。他真诚表示，"饮水不忘掘井人"，中国人民永远不会忘记老朋友，永远感激老朋友，鼓励他们为巩固和发展两国友好关系而继续努力。

历史认识问题一直是中日间的重要课题，周恩来的态度是："前事不忘，后事之师"。其中心思想是中日人民都应该从过去那场战争中吸取惨痛的经验教训，共同努力来防止历史重演，以保证两国今后世世代代友好相处。为此首先要承认那是一场由日本军国主义发动的侵略战争，它给两国人民都带来了巨大的灾难和损失。……其次要明确，那场战争"是日本军国主义的责任，不是日本人民的责任",广大日本人民是愿意和平、热爱和平的。……再次应看到,虽然两国间有过长达半个世纪的不幸时期,但与2000多年的友好交往相比历史还是短暂的,因而坚信中日双方是"能够友好的",最后,为了重建中日友好,关键是要牢牢记住历史的经验教训,采取向前看的态度,举一反三,恰当地处理相互之间的各种问题。

建国初期的民间外交从实践起步,以日本为对象,推开了经贸交流的闸门,创造性地催生了周恩来主导制定的民间先行,以民促官的对日民间外交。而后又发展到半民半官、官民并举的新阶段,最终实现了中日国家关系正常化。这其中,以民间为主体的外交实践一直在起着主导作用。

整理周恩来的民间外交或人民外交思想的内涵,笔者认为大概可从四个实践的角度入手。

1,原点成形于留学日本和欧洲的实践
2,内容升华于建设新中国的实践
3,方法论集中绽彩于对日外交的实践
4,价值和意义辉映于后世的传承实践。

三,民间外交的定义(资料简介)

与民间外交相近的专用名词还有国民外交、人民外交、公共外交等。对于周恩来而言,对日民间外交具有特殊的分量。这一词汇频繁使用的时代正值世界正朝美苏对立的阶段转型,各国的外交也都随之而在进行调整。其中,对日民间外交的开展需要相当程度的信念和行为予以支撑。在此,仅抽出部分外交专家们对于民间外交、国民外交,人民外交、公共外交这些相近词汇的阐释,试图从资料简介的角度对民间外交的定义进行粗略有限的考察。

民间外交

资料1 赵启正主编《公共外交·案例教学》，中国传媒大学出版社2016年8月第1版，第27页。

人民外交和民间外交在历史上是一脉相承的，但是又有略微的区别。1959年，周恩来总理在接见日本访华代表团时表示，通过日本与中国人民友好往来促进和推动日本政府这一条道路貌似走不通了，于是更加强调合作和发展的民间外交逐步取代政治色彩稍微浓重的人民外交（参见裴默农：《周恩来外交学》，63页，北京：中共中央党校出版社，1997）。是20世纪80年代民间外交这一提法逐渐占据了主流地位。1973年，新华社在报道日本首相田中角荣为中日乒乓球友谊赛题词时使用了"民间外交"这一提法。1978年10月，《人民日报》将中日邦交正常化之前的中日交流称为"民间外交"。1983年8月，时任国家主席李先念在会见日本众议院代表团时，也使用了"中日民间外交"一词。彼时，从民间到主流媒体，再到国家领导人都认可了民间外交这一概念。

资料2 赵磊、黄景源《国家意志主导下的民间外交——以中国人民对外友好协会为例》，赵启正、雷蔚真主编《公共外交蓝皮书中国公共外交发展报告（2015）》，社会科学文献出版社皮书出版分社2015年，第251、252、254、268页。

民间外交作为民间交流中重要的一部分，历来受到党和国家的高度重视，于历史和意识形态原因，在新中国成立之初，西方大国在政治和军事上对中国实行封锁，在外交上不愿意承认新中国。面对此种形势，以毛泽东、周恩来邓小平为代表的老一辈外交家在各个阶段分别提出"民间先行，以民促官""以官带民，官民并举"的外交方针，为新中国外交指明方向。当时民间外交作为新中国整体外交的一部分，为我们打开外交封锁获得，广泛宝贵的国际支持起到过不可磨灭的作用。作为新中国外交事业上的一种创举，民间外交往往具有政府间外交所不具有的独特优势，因而成为我国在国际上取得认同的重要途径。

逐步接轨全球化，逐渐融入国际大格局中，民间外交更加发挥出重要影响，成为宣捆新时期和平发展道路、和谐世界理念及成就，让世界了解中国的主要途径之一，推动了中国国际政治安全与经济合作的发展。历史不断证明，每当外交事业上遇到波折坎坷，民间外交事业往往因为其独特的优势起到压舱石和突破口的作用，为开展对话与交流提供了民意支持和稳定渠道。

民间外交之所以在新中国的外交事业中发挥着不可替代的作用，是与党和国家的高度重视密不可分的，无论在过去还是在民间外交以其自身的独特优势，一直在对外交流中起到先锋的作用，其实质是为中国与世界的联通架起了一座桥梁。国家主席习近平在2014年中国人民对外友好协会成立六十周年时指出：长期以来，中国人民对外友好协会贯彻中国奉行的独立自主的和平平外交政策，在国际社会和世界各国广交深交朋友，为加深人民友谊深耕细作，为促进国家关系铺路架桥，为推动国际合作穿针引线，做了大量卓有成效的工作，发挥了不可替代的作用。中国人民对外友好协会六十年的发展历程，充分展现出人民友谊在促进世界和平与发展中的强大力量，充分证明了民间外交在国家总体外交中的重要地位。

公共外交依然是外交工作中的一个全新的领域，随着国力增长，整体影响力不断提升，公共外交越来越受到关注，2009年7月，胡锦涛同志在第十一次驻外使节会议的讲话上，首次提出中国要开展公共外交，这标志着公共外交正式提上政府的议事议程。2010年全国"两会"期间，外交部部长杨洁篪第一次公开谈论公共外交。党的十八大以来，习近平主席对于公共外交也非常重视，在2014年中国人民对外友好协会成立六十周年的讲话上强调了公共外交在实现中国发展道路中的重要意义。

资料3　赵磊、黄景源《国家意志主导下的民间外交——以中国人民对外友好协会为例》，赵启正、雷蔚真主编《公共外交蓝皮书中国公共外交发展报告（2015）》，社会科学文献出版社皮书出版分社2015年，第251页。

　　民间外交的核心是通过民间交流，广交世界朋友厚织人民友谊，中国古就有国相交在民相亲的说法，当我们在谈到公共外交时不由自主地想到民间交流，而民间交流首先要谈到的就是民间外交。

　　关于民间外交的准确称谓和概念界定，学术界尚未达成统一，在西方国家一般将其称为"公民外交"、"公民间的外交"或"多轨外交"。"多轨外交"最早由美国学者约翰·麦克唐纳提出，"多轨外交"的具体含义是：政府外交属于第一轨道外交；纯民间外交属于第三轨道外交；介于政府和民间之间的属于第二轨道外交，因此，第二轨道外交属于民间外交的范畴，它的意义在于有利于增进国际交流、加强政府间的信任、缓和国际矛盾等。在中国，一直有"人民外交"和"民间外交"两种说法。"人民外交"是指新中国成立初的一段时期具有中国特色的党政外交行为，是我们打破外交封锁的武器；"民间外交"最初与"人民外交"并用，在改革开放之后，"人民外交"的提法逐步退出历史舞台，而更注重实际政治、经济、文化利益的"民间外交"逐步成为主流。但是，不管称谓如何，这里面都包含着立足于民的思想，无论外交的目的如何，都要落实于人民之中。

资料 4 俞新天《论新时代中国民间外交》，《国际问题研究》2017 年第 6 期

由非官方的机构、组织和个人所从事的对外交往活动；其交往的对象主要是外国的非官方机构、组织和个人；其活动配合中国官方外交的发展，或符合中国官方外交的趋势，促进人民之间的友谊、理解与合作，为中国外交赢得国际民心民意的支持；通过参与全球治理促进世界的和平与发展。

只有其中能够配合中国官方外交，或符合中国外交趋势的活动才可以归入民间外交的范畴。

资料 5 韩光明论文《公共外交与民间外交异同的初辩》，来源于中国人民对外友好协会的网站。网址：http://www.cpaffc.org.cn/content/details25-22644.html

1990 年 3 月，江泽民主席接见我会第五届理事会理事时说："在帝国主义封锁我们时，当时周总理首创民间外交，用民间外交的办法为国家关系的建立开路。后来大多数国家与我们建立了外交关系后，既有官方外交，也有民间外交。用民间外交的办法，不管从历史上看，还是从现在看，都有非常重要的意义"

注："我会"指的是中国人民对外友好协会。

资料 6 韩光明论文《公共外交与民间外交异同的初辩》，来源于中国人民对外友好协会的网站。网址：http://www.cpaffc.org.cn/content/details25-22644.html

中国人民对外友好协会李小林副会长于 2009 年 12 月 19 日在清华大学举办的中美关系研讨会上曾经提出："我们所开展的民间外交，并不是中国民众与国外民众普通的往来，而是在各级政府的组织和支持下，由特定的机构和人士以民间形式出现，有

针对性地与国外组织和个人开展合作。通过这些交流合作，使国外的组织和个人了解中国、热爱中国，进而借助这些组织和个人在本国的影响力，逐步在该国形成对华友好的积极气氛和舆论环境，推动该国对华关系的发展深化。

国民外交

这方面的资料主要集中在中华人民共和国外交部中共中央文献研究室，中央文献出版社1990年出版的《周恩来外交文选》之中仅就其中所提及的两次讲话内容加以介绍。

1，第171页周恩来于1956年同日本国营铁道工会等访华代表团的谈话节录：我看，就照国民外交的方式做下去，日本团体来得更多，我们的团体也多去，把两国间要做的事情都做了，最后只剩下两国外交部长签字，这也很省事，这是很好的方式。

2，第228页周恩来于1957年4月接见日本社会党访华亲善使节团时的谈话内容：两三年来，我们几次和日本朋友谈过我们的想法是，先从中日两国人民进行国民外交，再从国民外交发展到半官方外交，这样来突破美国对日本的控制。

人民外交

资料1 赵启正主编《公共外交·案例教学》，中国传媒大学出版社2016年8月第1版，第8页。

周恩来总理早在1949年就提出过"人民外交"这个概念。他提出，有政府外交，有民间外交，有政府和民间混合的外交。可惜由于当时在冷战的背景下，中国在世界上是比较孤立的，再加上汉语不够流行、传播能力较弱，所以"人民外交"这个词没有在世界上普及开来。

资料2 人民共和国外交部外交史编辑室编《研究周恩来—外交思想与实践》，世界知识出版社1989年9月，第44页。

周恩来重视开展人民外交。他多次说明：新中国的外交包括政府之间的关系和人民之间的关系，两者既有区别又有联系。中国人民同各国人民一向友好，即使政府间尚未建交，中国政府也支持民间的友好往来，以便为建交创造条件。

公共外交

与民间外交、国民外交、人民外交相比，公共外交是相对崭新的概念。2009年7月，胡锦涛在第十一次驻外使节会议的讲话上，首次提出了中国要开展公共外交，这标志着公共外交正式提上政府的议事议程。2010年全国"两会"期间，外交部部长杨洁篪第一次公开论及公共外交。党的十八大以来，习近平主席对于公共外交也非常重视，在2014年中国人民对外友好协会成立六十周年的讲话上强调了公共外交在实现中国发展道路中的重要意义。伴随中国力的提高以及在世界上的责任，公共外交今后必然肩负起更加重大的职责。下述论说就是针对中国公共外交领域的一部分，特此介绍。

资料1 张志洲论文《中国公共外交:让世界了解一个真实的中国》
http://theory.people.com.cn/GB/49150/49152/15233878.html

2009年7月，国家主席胡锦涛在第十一次驻外使节会议上首次明确提出"要加强公共外交和人文外交"，将公共外交作为中国总体外交的重要组成部分和未来的拓展方向，从而也将之提到了国家外交战略的高度。

2009年10月，外交部将新闻司原有的"公众外交处"升格为"公共外交办公室"，加强对公共外交的统筹、协调与指导工作。

外交部长杨洁篪在 2010 年 3 月的十一届全国人大三次会议期间阐述道："公共外交是中国外交重要的开拓方向，我们认为公共外交现在是应运而生、正逢其时、大有可为"。

资料 2 2012 年 11 月 8 日召开的中共十八大首次明确提出，"扎实推进公共外交和人文交流"。这标志着公共外交已提升到国家战略高度。

2012 年 12 月 31 日，中国公共外交协会在北京成立，全国人大外事委员会主任委员、外交部前部长李肇星当选会长。这是对十八大明确提出的"公共外交"要求的积极回应。

2013 年 10 月 24 日，习近平主席在周边外交工作座谈会上强调："要着力加强对周边国家的宣传工作、公共外交、民间外交、人文交流"，从战略高度强调了新形势下周边外交工作中公共外交的重要性。七常委全员出席此次周边外交座谈会，足见高层对其的重视程度。

来源：《十八大后中国公共外交事业的发展》
http://www.charhar.org.cn/newsinfo.aspx?newsid=6901
（需要注意的是：诸如第十一次驻外使节会议、周边外交工作座谈会等会议，通常不会有公开的资料，获取这些信息，一般以传达文件精神，或是新闻报道中的提及的形式。）

资料 3 赵启正、雷蔚真主编《公共外交蓝皮书中国公共外交发展报告（2015）》社会科学文献出版社皮书出版分社 2015 年。

2013 年 12 月，习近平在阐述中国梦和提升国家软实力时强调，要注重塑造我国的国家形象，明确了中国政府对外传播中国文化、讲好中国故事、阐明中国价值的基本路径——这也正是中国公共外交的主题。

2015年3月,在两会开幕式上,政协主席俞正声再次强调:"按照中央外交工作总体部署,务实开展对外交往,发挥政协专门委员会、中国经济社会理事会、中国宗教界和平委员会等在对外交往中的优势和作用,积极开展人文交流和公共外交,加强对国际形势的分析研判,讲好中国故事、传播好中国声音,努力为国家发展营造良好的外部环境。"

越来越多的事实表明,公共外交在中国已经被提升到了国家战略高度。

资料4 赵启正主编《公共外交·案例教学》,中国传媒大学出版社 2016年8月第1版,第8-10页。

"公共外交"这个词汇在中国的传播还不到10年,但是已经逐渐普及了。清华大学国际关系学系副主任赵可金在《公共外交的理与实践》一书中解释道:"公共外交是一个国家为了提高本国知名度、美誉度和认同度,由中央政府或者通过授权地方政府和其他社会部门、委托本国或者外国社会行为体,通过传播、公关、媒体等手段与国外公众进行双向交流,开展针对另一个国家民众的、传播知识、塑造价值,进而更好地服务于国家利益的实现。"

这一定义包含了公共外交的中心思想府部门同意或授权的,针对他国民众开展的外交活动。这都由政府部门开展的现实。

2013年2月,时任外交部新闻司司长秦刚在作客中国新闻网与网友交流时,再次重申了中国外交部对公共外交的定义:公共外交作为对传统外交的继承和发展,主要是指由政府主导、社会各界普遍参与,借助传播和交流等手段,意在向国外公众介绍本国国情和政策理念,向国内公众介绍本国外交方针、政策以及相关举措(笔者认为,公共外交面向的是外国公众而非国内公众),旨在获取国内外公众的理解、认同和支持,争取民心民意家和政府的良好形象，营造有利的舆论环境，维护和促进国家的根本利益。这与《努力开拓中国特色公共外交新局面》一文中的表述基本一致。（见杨洁篪：《努力开拓中国特色公共外交新局面》，载《求是》，2011（4）。）

资料5 参考图说
来源：http://www.chinanews.com/tp/hd/2011/03-05/26578.shtml

　　2011年3月5日，全国政协十一届第4次会议举行"政协委员谈公共外交"专题记者会，赵启正用自制的图版来解释中国的"公共外交"。请参照资料6。

资料6 赵启正、雷蔚真主编《公共外交蓝皮书中国公共外交发展报告（2015）》社会科学文献出版社皮书出版分社　2015年，第3、4页。

　　公共外交是一个从国外引进的新概念。美国学者格里恩（Edmund Gullion）在1965年首次使用公共外交一词，此后，虽然不同国家有不同学者对这一概念，进行过不同的定义和阐释，但是有三点是共同的：由政府主导；以外国公众为对象；以提高本国形象为目的。对公共外交的理解存在差异是合乎情理的，因为国家属性和国际环境不同，公共外交的具体目标就有差异，对于不同的对象国国家，在不同时代，其范畴和重点总是变化的。

　　根据公共外交在中国的实践和研究现状，在本报告中，公共外交统一界定为：一国的政府、企业、社会组织、公众等各方从各种角度向外国公众表达本国国情，说明本国政策，解释外国对本国的不解之处，并同时在国际交流中了解对方的有关观点，目的是提升本国的形象，改善外国公众对本国的态度，进而影响外国政府对本国的政策。

在全球化和信息化的时代,各国的人员往来和交流越来越频繁,政府应当愈加重视公众作为国家形象的构建者和传播者的作用和为国家总体外交做贡献的潜力,应当支持和促进公众参与公共外交的积极性。从这个意义上说,界定公共外交的范畴不妨宽泛些。可以认为,在国家交往活动中,只要是有公众参与的国际交往就属于公共外交的范畴。具体说来,其类型可以有"一国政府对另国公众"、"一国公众对另国政府"、"一国公众对另国公众"。

通过这个定义图,可以更加清晰地知道公共外交的范畴及其

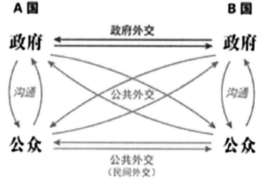

公共外交的定义示意图

与政府外交的关系。"公共外交"指的是"政府外交"以外的各种对外交流方式,包括了官方与民间的各种双向交流。这里的"公众"既包括非政府部门的机构和组织,如儒学、研究所、智囊机构、各种民间组织和非政府组织(NGO)、非营利民间组织(NPO)等,也涵盖了各方面的精英人物(如社会活动家、学者、宗教领袖、演艺界人士等)和广大公众。在公共外交的行为中,政府是主导,民间组织、社会团体和社会精英是中坚,广大公众是基础。而政府的主导作用就体现在与本国公众进行的沟通互动中,包括政府向公众说明情况,如新闻发布、外交部的论坛、政府公报等,也

包括公众向政府提交政策建议，如媒体评论、大学研究机构提交报告等。

四，民间外交的思想及其研究（资料简介）

人民外交思想这一固有名词是经常出现的。主要是应接建国初期的对日民间外交的战略走向，针对当今时代的发展所产生的新一轮外交用语。与民间外交相比，人民外交思想更以广袤的世界为框架。最早提出人民外交思想的是以毛泽东主席为领袖的国家领导人团队。显然，周恩来是其中重要的一员，同时也是集外交外事责任为一身的主要担当。因此，周恩来始终站在外交最前沿，代表国家忠实贯彻和执行各项外交政策的。

赵丕涛在《人民外交读本——外事学习与实践》中指出，毛泽东在建国前就反复提出，外交工作要着眼于人民，寄希望于人民。周恩来也指出，我们的外交路线是以国家为对象，人民为基础，通过上层外交，寄希望于人民。还说，发展人民之间的关系，不能单靠职业外交家去进行，应更多地依赖两国人民直接去进行。因此，民间外交是总体外交的一种特殊形式，它必须代表国家利益，是政府外交的补充，但又有别于政府外交。民间外交和政府外交目标一致，渠道不同，殊途同归，相得益彰。

以人民为主体的外交战略的重大实践集中在建国初期。据1994年12月由世界知识出版社所发行、裴坚章所主编的《毛泽东外交思想研究》的内容所示，1950年10月止，与中国正式建立外交关系的国家只有18个。政府的官方外交活动区域相对狭小。这是以毛泽东、周恩来为首的中国领导人基于建党以来的经验，制定出以人民为推动主体的外交战略的重要背景之一。为此，如下重大决策得以实施。

1949年1月，成立中国人民保卫世界和平大会常设机构。随后陆续成立中苏友协、中缅友协和中印友协等对外友好组织。

1949年12月，成立中国人民外交学会，周总理亲担任该会名誉会长。

1952年5月，成立中国国际贸易促进委员会。

1954年5月，成立中国人民对外文化协会，即中国人民对外友好协会的前身。

与此同时，还设立了以周恩来为首的国际活动指导委员会，调整和完善运作方法。与其同步成立的还有中国人民外交学会。

中国人民外交学会由周恩来总理倡导，于1949年12月成立，是新中国第一个专门从事人民外交的机构。周总理生前一直担任外交学会的名誉会长。

外交学会的宗旨是增进中国人民与世界各国人民之间的相互了解和友谊，促进中国与世界各国之间友好关系的建立与发展，谋求世界和平、和谐、发展与合作。笔者认为，外交学会更是在建国初期，实践周总理关于"以民促官，官民并举"的民间外交思想的至关重要的舞台。以日本为例，从1952年中日两国重开人民之间往来至1968年的十六年间，外交学会接待了日本各界知名人士参加的代表团107个，总计780多人次。

现在，中国人民外交学会同世界上130多个国家及各界精英建立了密切的交流关系，传承并发展了民间外交思想的纵横。

从整体来看，新中国人民外交的形成和发展，是以毛泽东、周恩来等老一代领导人集体智慧的光辉结晶，正因为如此，中国的民间外交事业可归纳出如下特点：

1，民间外交为官方外交服务，有很强的针对性，

2，在贯彻落实国家外交总战略方面，民间外交具有很高的原则性和政策性。

3，具体的实践过程中，民间外交与政府的官方外交有很强的互补性。

4，民间外交有广泛的群众基础，在对外交往中又具有多国别、多层次、亦官亦民、能上能下、机动灵活，形式多样。

中共中央文献编辑委员会编辑，人民出版社于1980年12月出版的《周恩来选集上卷》和1984年11月出版的《周恩来选集下卷》中收录有对人民为主体的外交论的要点，略作简介。

页数	卷数	篇目名	原文引用
P88	下卷	我们的外交方针和任务	（六）团结世界人民。我们对苏联和各人民民主国家是"一边倒"的，对原殖民地半殖民地国家，对资本主义和帝国主义国家的人民也要团结争取，以巩固和发展国际的和平力量，扩大新中国的影响。
P88	下卷	我们的外交方针和任务	（一）建立什么样的外交阵线。外交是国家和国家间的关系，还是人民和人民间的关系？外交工作是以国家为对象，还是以人民为对象？我们要团结世界各国的人民，不仅兄弟国家的人民，就是原殖民地半殖民地国家和资本主义国家的人民，我们也都要争取。但就外交工作来说，则是以国家和国家的关系为对象的。外交是通过国家和国家的关系这个形式来进行的，但落脚点还是在影响和争取人民，这是辩证的。这一点要搞清楚。
P475	下卷	中美友好来往的大门终于打开了	美国人民是伟大的人民。中国人民是伟大的人民。我们两国人民一向是友好的。由于大家都知道的原因，两国人民之间的来往中断了二十多年。现在，经过中美双方的共同努力，友好来往的大门终于打开了。目前，促使两国关系正常化，争取和缓紧张局势，已成为中美两国人民强烈的愿望。人民，只有人民，才是创造世界历史的动力。我们相信，我们两国人民这种共同愿望，总有一天是要实现的。
P478	下卷	中日两国人民应该世世代代友好下去	中日两国的社会制度不同，但这不应该成为我们两国平等友好相处的障碍。恢复中日邦交，在和平共处五项原则的基础上建立友好

			睦邻关系，将为进一步发展我们两国人民的友好往来，扩大两国经济和文化交流，开辟广阔的前景。中日友好不是排他的，它将为和缓亚洲紧张局势和维护世界和平作出贡献。 中国和日本都是伟大的民族。中国人民和日本人民都是勤劳勇敢的人民。中日两国人民应该世世代代友好下去。在这里，我谨代表中国人民向日本人民致意，并衷心祝愿日本人民在前进的道路上取得更大的成就。
P152	下卷	在亚非会议全体会议上的发言	根据这五项原则，中国同泰国、菲律宾等邻国的关系没有理由不能获得改善。中国愿以严格遵守这些原则作为它同亚非其他国家建立正常关系的基础，并愿促进中国和日本关系的正常化。为了增进我们亚非各国间的相互了解和合作，我们建议亚非各国的政府、国会和民间团体实行互相的友好访问。
P371	上卷	人民政协共同纲领草案的特点	第八是新民主主义的外交政策问题。草案第七章中明地规定了保障什么，拥护什么，反对什么，即保障本国独立、自由和领土主权的完整，拥护国际的持久和平和各国人民间的友好合作，反对帝国主义的侵略政策和战争政策。在总纲上已明白地接受了毛泽东同志在《论人民民主专政》中论述的同苏联及各新民主国家站在一起的方针。这就是我们在外交政策上的基本态度。
P34	下卷	为巩固和发展人民的胜利而奋斗	中华人民共和国的外交政策，明确地规定在中国人民政治协商会议所通过的《共同纲领》上。《共同纲领》规定："中华人民共和国外交政策的原则，为保障本国独立、自由和领土主权的完整，拥护国际的持久和平和各国人民间的友好合作，反对帝国主义的侵略政策和战争政策。"在与外国建立外交关系和贸易关系的问题上，《共同纲领》规定："凡与国民党反动派断绝关系，并对中华人民共和国采取友好态度的外国政府，中华人民共和国中央人民政府可在平等、互利及互相尊重领土主权的基础上，与之谈判，建立外交关系。""中华人民共和国可在平等和互利的基础上，与各外国的政府和人民恢复并发展通商贸易关系。"中央人民政府一年来的外交，就是按照这些基本原则执行的。

正如外交领域的总策划、总指挥周恩来所概括的那样,"中国的外交是官方的、半官方的和民间的三者结合起来的外交。"周恩来基于外交实践所指出的"民间先行、以民促官"是推动当时社会发展的智慧方策,对日外交是印证周恩来为核心所指挥的中国式外交的成功典范。

据杨绍琼硕士学位论文《周恩来人民外交思想研究》(《四川省社会主义学院学报》2008年第1期)介绍,国内外对于周恩来人民外交思想的研究始于20世纪80年代。

加拿大学者罗纳德·柯让《周恩来的外交》(汪永红译,东方出版社,1992年)和苏联学者沃洛霍娃的专题论文《周恩来与中国外交》(转引自中共中央文献研究室周恩来研究组、中共江苏省委党史工作室编《业绩、方略、情怀——周恩来研究文集》,中央文献出版社,1994年,第141页)认为人民外交思想来源于抗战期间的统战政策和舆论宣传。刘宁一《周恩来与建国前后的人民外交》(中共中央文献研究室编《不尽的思念》,中央文献出版社,1987年)和楚图南《人民外交史上的丰碑》(中共中央文献研究室编《我们的周总理》,中央文献出版社,1990年)回忆了周恩来人民外交思想的实践。外交部于1989年举办了周恩来外交思想与实践研讨会,出版了《研究周恩来——外交思想与实践》(裴坚章主编,世界知识出版社,1989年),其中收录姚仲明、杨清华的文章《周恩来总体外交的基本特征及其影响》,指出周恩来重视开展人民外交,把中日建交的过程概括为"民间先行,以民促官,以官带民,官民并举",这是中国对外工作的重要方针。

90年代讨论周恩来民间外交思想的内容、特征、现实意义为多。主要论著如下:

【论文】

李静《民间先行以民促官——从中日邦交正常化看周恩来所

倡导的人民外交》,《四川党史》1992年第5期;陈都明《发展民间外交实现关系正常化——缅怀周恩来总理对中日建交的贡献》,《当代世界》1997年第7期;刘建平《从中日关系正常化看周恩来与新中国外交的历史性转折》,《当代中国史研究》1998年第1期;张新平、谢晓燕《论中日民间外交》,《石油大学学报》1999年第3期等。

【著作】

李恩民《中日民间经济外交（1945-1972）》,人民出版社,1997年;张香山《中日关系管窥与见证》,当代世界出版社,1998年;陈答才、潘焕昭《以民促官——周恩来与中日关系》,重庆出版社,1998年;罗平汉《中国对日政策与中日邦交正常化:1949—1972年中国对日政策研究》,时事出版社,2000年等。

2000年以后，国民参与外交事务的意识逐渐增强。学者们主要讨论怎样将人民为主体的活动纳入国家的外交体系，又怎样使外交充分表达民意。代表性著作有叶自成《新中国外交思想：从毛泽东到邓小平——毛泽东、周恩来、邓小平外交思想比较研究》（2001年，北京大学出版社）等。

赵丕涛在2009年由学林出版社发行的《人民外交读本——外事学习与实践》)中指出，人民外交又称民间外交，是社会主义新中国外交的一大特色，也是新中国在国际关系发展史上的一个创造。

人民外交是相对于政府（官方）外交而言的，源于国际民间往来。泛指有官方背景或官方支持的，自觉的、有意识地代表国家利益、实现国家外交政策的国际民间友好往来活动,统称为"民间外交"。

民间外交具有灵活性、多样性、广泛性、深入性、持久性等特点。民间外交的开展可以为官方外交的建立开路、搭桥、奠基，实现以民促官。贸易和文化是外交的两翼，对日交往就是从经济文化交流开始的。

关于民间外交的定义、内涵和属性、特点等等，赵启正的专著《公共外交与跨文化交流》颇为详尽。在秉承人民外交、民间外交的成果之上，他根据时代的走向和公民意识的提高，梳理了"公共外交"这一核心概念。该书原版于2011年3月在中国人民大学出版社出版。2011年12月由笔者编辑翻译，经日本三和书籍推出了日文版，名为《中国的公共外交————全国民外交官的时代》。

周恩来一生都奔波于民间外交的实践之中，他的智慧和思想主要体现在针对具有时代性的具体事物的处理过程，反映在与特定人物的谈话内容之中。为了日后研究内容的深化，本章仅以片段资料为例，以资参考。

五，樱花情节的绽彩

1919 年 4 月 5 日，留学生周恩来咏诗描述了岚山雨中和雨后的樱花。

> 雨中岚山——日本京都
> 作于一九一九年四月五日
>
> 雨中二次游岚山，
> 两岸苍松，夹着几株樱。
> 到尽处突见一山高，
> 流出泉水绿如许，绕石照人。
> 潇潇雨，雾蒙浓；
> 一线阳光穿云出，愈见姣妍。
> 人间的万象真理，愈求愈模糊；
> ——模糊中偶然见着一点光明，真愈觉姣妍。
>
> 雨后岚山
> 山中雨过云愈暗，
> 渐近黄昏；
> 万绿中拥出一丛樱，
> 淡红娇嫩，惹得人心醉。
> 自然美，不假人工；
> 不受人拘束。
> 想起那宗教，礼法，旧文艺，……粉饰的东西，
> 还在那讲什么信仰，情感，美观……的制人学说。
> ————
> 登高远望，

青山渺渺，
　　被遮掩的白云如带；
　　十数电光，射出那渺茫黑暗的城市。
　　此刻岛民心理，仿佛从情景中呼出；
　　元老，军阀，党阀，资本家，……
　　从此后"将何所恃？"

　　1979年4月邓颖超一行应邀访日，亲自为周恩来的《雨中岚山》诗碑的落成揭幕。为纪念60年前周恩来探访岚山并写诗抒情的那一天，揭幕仪式特别选在4月5日。

　　周恩来的贴身警卫员高振普将军回忆说：历史总是惊人的巧合。1979年4月5日也是细雨蒙蒙。然而，就在邓颖超一行来到诗碑前的瞬间，雨居然停了。揭幕仪式伊始之际，空中突然射出一道光芒，照耀在诗碑上。这情景正应了《雨中岚山》诗中所描述的意境。

　　潇潇雨，雾蒙浓；
　　一线阳光穿云出，愈见姣妍。
　　人间的万象真理，愈求愈模糊；
　　模糊中偶然见着一点光明，真愈觉姣妍。"

　　这神奇的景象似乎牵动了邓颖超的灵感，她在致辞时脱稿即兴说道："太阳出来了，照耀着我们，它象征着中日两国和两国人民友好的无限光明。"接下来还说，"绚丽的樱花在自然法则的作用下，千树万树同时开放，又豪迈地无所保留地谢去，对年轻的周恩来追求人生真理，曾予以莫大的启示。"

（出典 https://mp.weixin.qq.com/s/H7UpIM-cL7ulAdY6F3paYw）

　　从邓颖超的这一段发自内心的表述中，我们可以明确的捕捉到其间的寓意。"千树万树同时开放"的樱花象征着民间，"自然法则"代表了凝聚和反应人类命运共同体的核心价值：和平，以人民为主体才能造就"绚丽"。大概这就是"对年轻的周恩来追求人生真理，曾予以莫大的启示"之一。

　　留学日本和考察岚山对于民间外交所产生的作用，还可以通过在周恩来身边长大的侄女周秉德女士的观点加以佐证。这是源自 2017 年 9 月 8 日在人民大会堂召开的庆祝中日邦交正常化 45 周年讲话稿中的部分内容。

　　　先大伯周恩来年轻时曾到日本留学，日本民众的善良和友好，给他留下了深刻记忆，一生难以忘怀。新中国成立后不久，他曾对日本朋友说："我在日本生活，对日本的印象很深。"1974 年 12 月 5 日，病重的他在会见日本创价学会会长池田大作时，再次回忆到青年时期生活过的日本，深情地说："我从日本回国已经 55 年了，是 1919 年樱花盛开的时候回来的。"可以说，留学日本　使大伯深入了解日本、了解日本人民，对日本人民有着深厚的感情。

(左起周恩来之姪周秉華、周秉和、周秉宜女士、周秉德女士。右起周秉宜女士夫君·任长安、右三王敏。)

周秉德女士曾任中国政治协商会委员,原中国新闻社副社长。2012年4月20日,周女士与其兄弟姐妹周秉宜女士、周秉华先生及周秉和先生一行在细雨之中造访了法政大学。当天下午1点左右,一行来到外濠公园的樱树下,与王敏研究室的留学生们共同举办了樱花诗会。

诗会回顾了青年周恩来东渡日本求学,播撒中日友好种子的历史,同时重温了当时的法政大学接受和培养大批优秀中国留学生的事实。与会者共同朗诵了1919年4月5日,周恩来挥写的《雨中岚山》。

本次雨中访樱,与上述提到的三次樱花情怀连成一线,为后人考察周恩来的日本观以及对日思考的形成过程提供了丰厚的素材。贯穿周恩来人生的樱花情节还折射反映出,樱花是日本文化的象征。

在日本,通常认为梅花是日本上古时代代表性的花。《万叶集》

里有118首咏梅的和歌,数量上次于咏萩之作(138首),位于第二。梅花之所以多次出现于《万叶集》中,是因为此时日本大量吸收了中国文化。梅花作为从中国传来的珍稀植物,具有药用、食用价值,受到贵族阶级和文人喜爱。

《万叶集》提到樱花的和歌有42首,位于第八。不过到了平安时代,日本人提到"花"时,更倾向于樱花。据说,平安时代最早的敕选和歌集《古今和歌集》中,咏梅之作有18首,而咏樱之作达到了70首。

那时候的日本人说起樱花就会联想起"吉野樱"。据说修验道的开祖役行者将金刚藏王权现雕刻在樱木上进行祈祷、祭祀,故信徒们为了表达对藏王权现和役行者的信仰而不断种植樱木,这就是"吉野樱"的由来。

前文所提到的第88代天皇、后嵯峨天皇(1220—1272)因酷爱吉野樱而知名。为了营造龟山宫殿,他特意将吉野樱从吉野山移植到岚山,以至于今日仍然有1500棵吉野樱点缀着岚山的春色。想必周恩来对此也有耳闻。

两次对于岚山进行实地考察,说明周恩来对于两国间特殊的历史文化关系的洞察极其深邃。因此,在周恩来对日思考的言行中,始终折射出一种智慧。这就是对于中日两国人民所寄予的期待。周恩来所坚持的民间外交这条轨道的源头,难道不与1919年的岚山考察所获取的第一手资料无关吗?!周恩来的对日民间外交决策中就没有对中日混成文化元素的洞察之体现吗?!

中国的建国功勋肖向前在论著《周恩来同志对发展中日关系的卓越贡献》中这样分析:周恩来到日本留学不是为了"镀金",而是去探索救国救民的真理,结识共赴国难的同志。1949年中华人民共和国成立,周恩来众望所归荣任总理,直到生命的最后一息,他一直亲手执掌对日工作。从双方毫无接触,经过民间的和半官方外交,到建立正式邦交,足足用了 23 年时间。建交以后,他又为缔结和平友好条约操劳费心了三年。我们有充分的理由说,是周恩来领导了中日关系正常化的全过程。

这篇论文收录在世界知识出版社 1989 年发行的《研究周恩来――外交思想与实践》之中。

"留日"过程提供了积累构筑良性国际关系的经验和智慧,留学现场使得周恩来更加充分地锻炼了沟通和交涉的能力,坚定了构筑以人民为主体的外交的信念。他还从日本体验中把握住了中日两国共同拥有的历史文化的脉搏,不仅锲而不舍的呵护,还使其在两国间广泛交往的过程中得以传承光大,所有这些都紧系岚山的樱花雨情。

今天,中日政府之间虽然分别在 1972、1978、1998、2008 年签署了四份和平友好基本文件,中日关系依然反复出现各种问题。每当迎送这种关头,寄翼和平的人们都会刻骨铭心的感到,我们依然行驶在民间外交的轨道之上。并痛感"国民修养"的质量是公共外交的基础。

相较于外交家,有时候普通市民竟能实现更好的外交成果。可能是因为市民层面的交流更多的是基于较单纯的理想和友谊。而职业的政治家却难以始终坚持友谊至上。

例如在 2008 年 5 月 12 日下午发生四川大地震中,一名纯洁无瑕的幼童提升了中国的国家形象。这条引发世界反响的小生命的故事令人难以忘怀。他就是地震后第二天早晨,在震源上方的一所倒塌的幼儿园的废墟中被发现的三岁的郎铮。手腕与身体各处的骨折应该给他带来了巨大的疼痛,但郎铮却在被救出的第一时间向救援队员表达了感谢。躺在用散乱的木板临时拼成的简易担架上被运走时,郎铮还把右手放在头顶向救援队员一边敬礼一边说"谢谢"。三岁孩子的敬礼是那么的正气凛然，敬礼的照片打动了全世界的人心。这也许充分表达了英语中的所谓"Public Diplomacy"的灵魂和效果。

2011年3月11日，日本也发生了罕见的东日本大地震。日本人遵守秩序、灾难之中有礼互助的形象也被传播到世界各地。很多经历过难中起哄的国家都对日本人"绊文化"（互助精神）的成熟感到惊叹。这也可以说是日本公共外交的一种体现。

今天，中国的国民生产总值（GDP总额）超过日本成为了世界第二。很多人为此感到自豪，但公共外交的水准是否也随之成熟了呢？中日两国历来都共同享有"仓廪实而知礼节，衣食足而知荣辱"这一古训，希望两国人民能够共同体味这一古训的真意，温故创新。

参考文献

小仓和夫《巴黎的周恩来》，中公丛书，1992年。
刘建平《战后中日关系之"人民外交"的生成:过程与概念》，《开放时代》2008年第3期。
沈志华《中苏同盟、朝鲜战争与对日和约》，《中国社会科学》2005年第5期。
田健《日本战争赔款问题》，《文史精华》2013年第1期。

参考资料

1，2017年9月8日，周恩来侄女周秉德在人民大会堂召开的纪念中日邦交正常化45周年的讲话稿全文

尊敬的河野洋平先生、田中真纪子女士、先生们、女士们：大家好！

在 45 年前的九月底，中日两国终于实现了邦交正常化。这是来之不易的宝贵成果，我的大伯父周恩来总理和日本的田中角荣首相 等人 都为此做出了极大努力和卓越贡献。

中日两国是一衣带水的邻邦，有着两千多年的友好往来和文化交流的历史，如今在日本，依然可以感受到唐宋遗风。只是在近现代日本发动了数次大规模的侵华战争，使两国关系严重恶化。但总的来说，和平相处与睦邻友好才是主流。

先大伯周恩来年轻时曾到日本留学，日本民众的善良和友好，给他留下了深刻记忆，一生难以忘怀。 新中国成立后不久，他曾对日本朋友说："我在日本生活，对日本的印象很深。"1974 年 12 月 5 日，病重的他在会见日本创价学会会长池田大作时，再次回忆到青年时期生活过的日本，深情地说："我从日本回国已经 55 年了，是 1919 年樱花盛开的时候回来的。"可以说，留学日本 使大伯深入了解日本、了解日本人民，对日本人民有着深厚的感情。

中华人民共和国成立后，中日两国处于紧张对峙状态，不可能建立正式官方关系。因为考虑到中日两国是一衣带水的邻邦，要改善中日关系，大伯首先从经济贸易入手。先从民间贸易开始，逐步把民间交往与官方交往联系起来，以"民"促"官"，逐步把经济关系与政治关系衔接起来，以经济影响政治，走出一条从"民间外交"到"半官方外交"，再到两国关系正常化之路。

在中日贸易往来迅速升温的同时，大伯趁热打铁，抓住机会推动中日文化艺术的交流，努力从文化的层次推进两国人民互相理解。1954 年 10 月，他在接见日本学术文化访华团时说："历史上，我们的文化彼此交流，互相影响。按照正常的往来，中日的文化交流，有很大的发展前途，关键就是要和平共处。"

大伯提出"民间先行，以民促官"的对日外交战略思想后，身体力行地进行了实践。据统计，自1953年7月1日至1972年9月23日的中日邦交正常化前夕，19年中他共会见、接见日本客人287次，323个代表团次（或批量客人）。其中，154次接见164个和平友好代表团（包括日本议员访华团、各政党访华团、恢复日中友好协会访华团、前军人友好访华团等等），46次接见515个经济代表团，35次接见39个文化学术代表团，8次接见10个体育代表团，15次接见18个艺术代表团，18次接见26个工人代表团，5次接见农业农民代表团，7次接见8个妇女代表团，6次接见7个学生、青年代表团。从这组惊人的数据中，可见大伯对于推动中日民间外交是不遗余力的，他广泛接触了日本的政治、经济、文化各领域，工、农、商、学 社会各阶层。

长期而广泛的民间外交 使中日两国人民建立了深刻的感情、收获了诚挚的友谊。中国赢得了日本友人的信任与尊敬，坚定了他们进一步为中日友好而努力的信心与决心。

1972年9月25日，日本首相田中角荣、外相大平正芳访华。大伯亲自到北京机场迎接，当天下午就接连进行了两次会谈，经双方共同努力，终于克服了日台条约等障碍，达成了中日邦交正常化的协议。

在这期间，还有一些很动人的细节。大伯安排田中首相入住钓鱼台国宾馆的18号楼。一次到宾馆后，大伯要脱掉风衣，但他右臂伤残，脱起来有些吃力。田中就抢在工作人员前面，主动过去帮他脱风衣。大伯当即就说："不行，不行，怎么能让你来替我脱风衣呢？"田中首相回复了一段很有感情的话："你把我安排在国宾馆18号楼，这几天我就是这里的主人，你就是我最尊贵的客人，我应该为你服务。请允许我帮助你把风衣脱下来。"

大伯的工作总是通宵达旦，凌晨休息、中午起床。而田中首相习惯早睡早起，每天早上5点起床，生活很规律。为此，伯父就临时改变了生活习惯，特意交待工作人员："我得将生活习惯调整得跟田中比较接近才行，晚上10点钟之后就不要送简报给我看了。"对田中的生活细节，他事先都了解得很清楚，比如国宴上演奏的是田中家乡的歌曲，田中听了很意外，也特别高兴。

在正式会谈中，争论的场面也很多，但双方通过不断磨合，求同存异，最终达成了协议。从田中上台到实现中日邦交正常化，仅仅用了84天，这种势如破竹的态势，就连日本国内也有"迅雷不及掩耳"的评价，要不是田中，别人就不一定有这个勇气，敢抢在美国之前跟中国建交。大伯也非常欣赏田中首相的决断能力和超凡勇气，后来，在会见日本客人时也曾高度评价说："田中先生一上任就立即作出决断，恢复日中邦交，这是了不起的，是值得称赞的，他比尼克松更勇敢！"

大伯对于中日关系的构想，并不止步于邦交正常化，而是要追求世代友好。所以，在中日邦交正常化以后，他依然特别重视两国的民间交往。即便重病在身，他也要坚持在医院里会见池田大作。对此，池田大作说道："关于日中友好关系，总理终究是以民为本来着想。一纸条约，容易生变。总理的想法是：'只有树立民众彼此真挚的理解、信赖关系，才能有真正的中日友好。'"

为了继承大伯的遗志，1979年4月，先伯母邓颖超率团访问日本，受到了热烈欢迎。此后，我和周家其他亲属也曾多次到访日本，日本人民对先伯父的崇敬和爱戴之情令人印象深刻。2011年8月日本NHK电视台连续四天在黄金时间播出了专题片《亲友口述周恩来》，在日本的朋友告诉我 这部专题片在日本极受欢迎，甚至日本皇后都连续观看，说很崇敬中国的这位总理呢。也正如日本前首相三木武夫的赞叹："没有一个外国政治家，像周恩来总理那样在日本各阶层人民中间有那么多的朋友，得到那么多的尊重！"

如今的中日关系，虽因钓鱼岛等争端而蒙上阴影，但我想，只要双方能学习周恩来和田中角荣等前辈政治家积极、务实处理两国关系的智慧和经验，就一定能够解决好。当年送别田中时，大伯曾说："我们和日本的交往，有两千多年的历史，有半个世纪的对立。今天，我们已经看到时代螺旋式地前进了。"

和平来之不易，中国人民和日本人民都是热爱和平的，只有和平 社会才能进步和发展，只有和平人民才能安宁和幸福！

希望日本政府正视历史，秉承和发扬先人的意志。愿我们中日两国人民 通过各种方式的对话与交流增进共识，世世代代保持睦邻友好！

谢谢各位！

2，公共外交要点摘要

资料来源 《蓝皮书 中国公共外交发展报告（2015）》，赵启正 雷蔚真主编，社会科学文献出版社皮书出版分社 2015 年。

摘要内容

21 世纪以来，公共外交在中国经历了从理念到实践的本质变化。从理念而言，公共外交的定义逐渐从模糊走向了清晰，并进入媒体和政府的主流话语圈；从实践而言，公共外交从边缘走向了舞台中央————更重要的是，自觉的公共外交行动开始深入中国外交、贸易、文化等广阔的领域。

一，公共外交成为中国国家战略

早在 1949 年 12 月，在周恩来总理倡导下我国成立了中国人民外交学会。外交学会的宗旨是，研究世界形势、国际问题以及外交政策，同世界的政治家、学者、知名人士以及有关的社会团体进行交流，促进与各国的友好合作关系。可见我国的"人民外交"的概念涵盖了以后才在国际上广泛使用的"公共外交"的概念。但限于当时冷战的国际形势，"人民外交"没有能在国际流行。

进入21世纪后，经济全球化趋势使国家间相互影响和依赖的程度加深，加之世界形势（如金砖国家的兴起、欧债危机、美国重返亚洲）和一些国际事件出现新变化（如美国出兵伊拉克、钓鱼岛事态严峻化），使得公共外交的重要性骤然提高，许多国家都已经把公共外交进一步升为全球战略布局的重要一环。

与此同时，公共外交在中国的地位也相应提升。2009年7月，胡锦涛在第十一次驻外使节会议上论述了公共外交在中国外交工作中的重要地位和作用，指出开展公共外交直接关乎我国形象，是新形势下完善我国外交布局的客观要求，要进一步加强公共外交，积极配合国家总体外交。

2012年11月，党的十八大报告明确提出，要扎实推进公共外交，开展同各国政党和政治组织的友好往来，加强人大、政协、地方、民间团体的对外交流，夯实国家关系发展社会基础。

2013年12月，习近平在阐述"中国"梦和提升国家软实力时强调，要注重塑造我国的国家形象，明确了中国政府对外传播中国文化、讲好中国故事、阐明中国价值的基本路径——这也正是中国公共外交的主题。

2015年3月，在两会开幕式上，政协主席俞正声再次强调："按照中央外交工作总体部署，务实开展对外交往，发挥政协专门委员会、中国经济社会理事会、中国宗教界和平委员会等在对外交往中的优势和作用，积极开展人文交流和公共外交，加强对国际形势的分析研判，讲好中国故事、传播好中国声音，努力为国家发展营造良好的外部环境。"

越来越多的事实表明，公共外交在中国已经被提升到了国家战略高度。

二，公共外交理念已在中国深入普及

在中国的公共外交实践中，这一概念也曾遭受争议。新中国成立以来，我国也曾出现过多个相关概念，包括"人民外交"、"民间外交"、"对外宣传"等。"人民外交"作为在改革开放前有中国特色的外交形式，有着作为国际共产主义运动一部分的中国革命的历史渊源，生成于新中国对国际政治斗争的外交需要，对打破西方孤立我国的战略企图有过重大贡献。"对外宣传"最初主要以党和政府为主体向外国介绍说明中国，目的在于促进外国对中国的理解和友好。走向21世纪的新中国外交话语中，人民外交、对外宣传等概念已经和公共外交概念有所交融；民间外交也已淡化了政治面纱而更专注于民间的经济，文化交流，并日益具有公共外交形态。此种话语变迁与外交转型背后折射的是中国公众爱国自觉的兴起和中国日益融入世界进行跨国交流的趋势。可以说，而走向21世纪的中国外交，由于融入公共外交的理念和实践而变得更为成熟、理智。

同时，由于"公共外交"的外延宽泛，媒体在对之进行报道的时候往往按其活动内容、参与主体而冠以名称。如"公民外交"、"体育外交"、"文化外交"、"议会外交"、"政党外交"、"媒体外交"、"网络外交"和"二轨外交"等等。近几年，这些概念也逐渐或正在被视为"公共外交"的多种表现形式。

公共外交是一个从国外引进的新概念。美国学者格里恩（Edmund Gullion）在1965年首次使用公共外交一词，此后，虽然不同国家有不同学者对这一概念，进行过不同的定义和阐释，但是有三点是共同的：由政府主导；以外国公众为对象；以提高本国形象为目的。对公共外交的理解存在差异是合乎情理的，因为国家属性和国际环境不同，公共外交的具体目标就有差异，对于不同的对象国国家，在不同时代，其范畴和重点总是变化的。

根据公共外交在中国的实践和研究现状，在本报告中，公共外交统一界定为：

一国的政府、企业、社会组织、公众等各方从各种角度向外国公众表达本国国情，说明本国政策，解释外国对本国的不解之处，并同时在国际交流中了解对方的有关观点，目的是提升本国的形象，改善外国公众对本国的态度，进而影响外国政府对本国的政策。

在全球化和信息化的时代，各国的人员往来和交流越来越频繁，政府应当愈加重视公众作为国家形象的构建者和传播者的作用和为国家总体外交做贡献的潜力，应当支持和促进公众参与公共外交的积极性。从这个意义上说，界定公共外交的范畴不妨宽泛些。可以认为，在国家交往活动中，只要是有公众参与的国际交往就属于公共外交的范畴。

"公共外交"指的是"政府外交"以外的各种对外交流方式，包括了官方与民间的各种双向交流。这里的"公众"既包括非政府部门的机构和组织，如儒学、研究所、智囊机构、各种民间组织和非政府组织（NGO）、非营利民间组织（NPO）等，也涵盖了各方面的精英人物（如社会活动家、学者、宗教领袖、演艺界人士等）和广大公众。在公共外交的行为中，政府是主导，民间组织、社会团体和社会精英是中坚，广大公众是基础。而政府的主导作用就体现在与本国公众进行的沟通互动中，包括政府向公众说明情况，如新闻发布、外交部的蓝厅论坛、政府公报等，也包括公众向政府提交政策建议，如媒体评论、大学研究机构提交报告等。

这些交流中，有的是直接以促进外国公众对本国的了解、提升本国在其心目中的形象卜国政府对本国政策的改善为目的,这便是狭义的公共外交,而更多的则是围绕经济、文化、教育、旅游等其他具体目标而展开,主观上并非为公共外交进行,客观上却起到了传播和提升本国国家形象的作用,具有公共外交的效果。我们把这些具有公共外交效果的言论行为也纳入公共外交的研究范围,这便是广义的公共外交。对于后者来说,合理有效的引导将会助其由自发上升到自觉,更为科学、规范,取得更好的效果,进而促成个人、组织与国家的多方合力。

目前中国政府的众多部门都是公共外交的承担者,这些部门包括外交、外宣、外贸、文化、新闻出版、广播影视等方方面面的主管机构,广而言之,凡设有新闻发言人的政府机构都在客观上承担着公共外交的使命——向世界说明中国。而在政府部门之外,媒体(包括网络机构)、民主党派、大学、企业、文化团体、教会等等,以及普通的公众,所设计和实施的公共外交活动也正处于蓬勃发展的新阶段。

除了对公共外交的认识日趋一致之外,公共外交理念在中国的普及,还有一个重要的标志——主流媒体开始大量采用公共外交概念,并以此分析重大时事。习近平上任国家主席后,首次对俄罗斯、坦桑尼亚、南非和刚果四国进行国事访问,中新社的报道题为《习近平主席首访解读:为中国公共外交树典范》。之后,习近平访问欧洲、出席冬奥会等活动,均被媒体从公共外交角度充分报道和解读。习近平的夫人彭丽媛在外事活动中有富有成效的表现,中外媒体的大量报道也大都采取了公共外交的专业视角。这些都表明:公共外交进入了中国媒体的主流话语圈,标志着公共外交理念的深入普及。

3，中华人民共和国主席习近平在中日友好交流大会上的讲话（2015 年 5 月 23 日）

各位来宾，各位朋友：

大家好！2000 多年前，中国的大思想家孔子就说，有朋自远方来，不亦乐乎。今天，3000 多位日本各界人士自远方来，齐聚北京人民大会堂，同中方一道举办中日友好交流大会。这是近年来两国民间交往的一件盛事，也让我们感到十分高兴。

首先，我代表中国政府和人民，并以我个人的名义，对各位日本朋友来访，表示热烈的欢迎！我还要通过你们，向广大日本人民，致以诚挚的问候和良好的祝愿！

中日一衣带水，2000 多年来，和平友好是两国人民心中的主旋律，两国人民互学互鉴，促进了各自发展，也为人类文明进步作出了重要贡献。

一个多星期前，印度总理莫迪先生访问了我的家乡陕西省，我在西安同他一道追溯了中印古代文化交流的历史。隋唐时期，西安也是中日友好往来的重要门户，当年很多来自日本的使节、留学生、僧人在那里学习和生活。他们中的代表人物阿倍仲麻吕，同中国唐代大诗人李白、王维结下深厚友谊，留下了一段动人佳话。

我在福建省工作时，就知道 17 世纪中国名僧<u>隐元大师</u>（·为作者加注）东渡日本的故事。在日本期间，隐元大师不仅传播了佛学经义，还带去了先进文化和科学技术，对日本江户时期经济社会发展产生了重要影响。2009 年，我访问日本时，到访了北九州等地，直接体会到了两国人民割舍不断的文化渊源和历史联系。

近代以后，由于日本走上对外侵略扩张道路，中日两国经历了一段惨痛历史，给中国人民带来了深重灾难。上世纪70年代，毛泽东主席、周恩来总理、邓小平先生和田中角荣先生、大平正芳先生等两国老一代领导人，以高度的政治智慧，作出重要政治决断，克服重重困难，实现了中日邦交正常化，并缔结了和平友好条约，开启了两国关系新纪元。廖承志先生和高碕达之助先生、冈崎嘉平太先生等一批有识之士积极奔走，做了大量工作。

历史证明，中日友好事业对两国和两国人民有利，对亚洲和世界有利，值得我们倍加珍惜和精心维护，继续付出不懈努力。

各位来宾、各位朋友！

邻居可以选择，邻国不能选择。"德不孤，必有邻。"只要中日两国人民真诚友好、以德为邻，就一定能实现世代友好。中日两国都是亚洲和世界的重要国家，两国人民勤劳、善良、富有智慧。中日和平、友好、合作，是人心所向、大势所趋。

中国高度重视发展中日关系，尽管中日关系历经风雨，但中方这一基本方针始终没有改变，今后也不会改变。我们愿同日方一道，在中日四个政治文件基础上，推进两国睦邻友好合作。

今年是中国人民抗日战争暨世界反法西斯战争胜利70周年。当年，日本军国主义犯下的侵略罪行不容掩盖，历史真相不容歪曲。对任何企图歪曲美化日本军国主义侵略历史的言行，中国人民和亚洲受害国人民不答应，相信有正义和良知的日本人民也不会答应。前事不忘，后事之师。牢记历史，是为了开创未来；不忘战争，是为了维护和平。

我们认为，日本人民也是那场战争的受害者。抗日战争结束后，中国人民以德报怨，帮助百万日侨重返家园，把数千名日本战争遗孤抚养成人，显示了中国人民的博大胸怀和无疆大爱。

今天，中日双方应该本着以史为鉴、面向未来的精神，共促和平发展，共谋世代友好，共创两国发展的美好未来，为亚洲和世界和平作出贡献。

各位来宾、各位朋友！

中日友好的根基在民间,中日关系前途掌握在两国人民手里。越是两国关系发展不顺时,越需要两国各界人士积极作为,越需要双方加强民间交流,为两国关系改善发展创造条件和环境。

"青年兴则国家兴。"今天在座有不少青年朋友。中国政府支持两国民间交流,鼓励两国各界人士特别是年轻一代踊跃投身中日友好事业,在交流合作中增进理解、建立互信、发展友谊。

前人栽树,后人乘凉。我真诚期待,两国青年坚定友好信念,积极采取行动,不断播撒友谊的种子,让中日友好长成大树、长成茂密的森林,让中日两国人民友好世世代代延续下去！

最后,预祝本次中日友好交流大会取得圆满成功,祝各位日本朋友在华期间过得愉快！

谢谢大家。

第四章
周恩来与法政大学

在日本一般认为,周恩来从南开中学毕业后,于 1917 年 9 月中旬赴日本留学。但由于日语水平不足,周恩来未能被自己志向的第一高等学校与东京高等师范学校录取。留日期间,他分别就读于东亚高等预备校(日华同人共立东亚高等预备校)、东京神田区高等预备校与明治大学政治经济科。1919 年 4 月回国后,周恩来进入南开大学文学部并参加五四运动。

然而,关于周恩来具体在日本的哪所学校学习、师从哪位先生,目前并没有准确的研究成果。也就是说,关于周恩来的留日经历,现在还需要展开更为全面的研究。根据各种相关资料可知,由于战火与震灾的影响,目前无法找到有关周恩来留日期间在籍学校的确切记录。有鉴于此,笔者与留学生以日本公开网站所公布的几所学校为对象进行了初步调查,并对其中的法政大学附属高等预备校展开了较为详细的考查,对周恩来是否在该校就读进行了考证。本章将展示现阶段的部分考察结果与相关资料。

一、中村哲校长的见解

首先,概括性地介绍一下法政大学自身对这一历史时期的认知。中村哲(1912-2003)出身于东京府。从府立三中与旧制成城高等学校(现成城大学)毕业后被东京帝国大学法学部录取,1934 年毕业。战前历任台北帝国大学副教授、教授,战后历任法政大学法学部教授、法学部长与常务理事,并于1968年任法政大学校长。1983年应社会党的邀约参加参议院议员选举,并以比例代表区选票第一当选议员,任期6年。

中村校长与中国友谊深厚,在任期间(1968-1983)曾数次访华。1955年11月10日,周恩来在人民大会堂接见了中村。归国后,中村曾数次撰文提及周恩来曾在籍于法政大学附属高等预备校这一事实。1955年11月10日,中村作为日本护宪联合访华团员被毛泽东、周恩来接见,并拍摄有纪念照(照片1)。这一照片现保存于法政大学大学史资料研究中心。

照片1 日本护宪联合访华团受到毛主席、周总理的接见。二排右起第三位是中村哲校长。

第四章 周恩来与法政大学

表 1 日本护宪联合访华团的访华活动

时间	背景	主政要物
1955 年夏	1. 中国代表团为参加"禁止核武器世界大会"访问东京 2. 参会期间，中国代表团邀请护宪联合访华	日方：片山哲（原日本总理） 中方：刘宁一（中华全国总工会副主席）
1955 年 11 月	1. 护宪联合到达北京 2. 毛泽东主席接见护宪联合 3. 与周恩来总理进行二次会谈 4. 与文化、艺术、体育、劳动等部门展开会谈（与中国的对外友好协会签订《文化体育交流备忘录》） 5. 会见抚顺收容所中的一千余名日本战犯（向其转达有可能于三年内被释放的信息）	日方：团长片山哲、副团长藤田藤太郎（总评议长兼私铁总连议长）、社会党国会议员猪俣浩三、中崎敏。法政大学校长中村哲、演员千田是也、原陆军中将远藤三郎等 中方：毛泽东、周恩来等

表 1 的参考资料主要为以下三篇文章。其内容均为护宪联合访华的过程与意义。

①中村哲：《给予我感动的中国政要的态度》，《法政大学新闻》（1955 年 12 月 5 日周一第 304 号）

②日中友好协会理事长村冈久平访问谈话《日中友好运动的新阶段》（记录：加藤宜幸）

③日本中国友好协会发行报纸《日本与中国》2013 年 9 月 1 日版刊登的文章。内容如照片 2 所示。

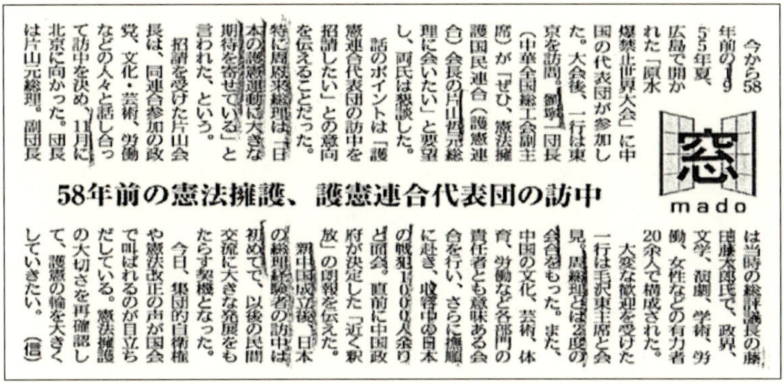
窓
mado

58年前の憲法擁護、護憲連合代表団の訪中

今から58年前の1955年夏、広島で開かれた「原水爆禁止世界大会」に中国の代表団が参加した。大会後、一行は東京を訪問。劉寧一団長（中華全国総工会副主席）が「ぜひ、憲法擁護国民連合（護憲連合）会長の片山哲元総理に会いたい」と要望し、両氏は懇談した。

話のポイントは「護憲連合代表団の訪中を招請したい」との意向を伝えることだった。特に周恩来総理は「日本の護憲運動に大きな期待を寄せている」と言われた、という。

招請を受けた片山会長は、同連合参加の政党、文化・芸術、労働などの人々と話し合って訪中を決め、11月に北京に向かった。団長は片山元総理。副団長は当時の総評議長の藤田藤太郎氏で、政界、文学、演劇、学術、労働、女性などの有力者20余人で構成された。

大変な歓迎を受けた一行は毛沢東主席と会見。周総理とは2度の会食をもった。また、中国の文化、芸術、体育、労働など各部門の責任者とも意味ある会合を行い、さらに撫順に赴き、収容中の日本の戦犯1000人余りと面会。直前に中国政府が決定した「近く釈放」の朗報を伝えた。

新中国成立後、日本の総理経験者の訪中は初めてで、以後の民間交流に大きな発展をもたらす契機となった。

今日、集団的自衛権や憲法改正の声が国会で叫ばれるのが目立ちだしている。憲法擁護の大切さを再確認して、護憲の輪を大きくしていきたい。（信）

照片 2 日本中国友好协会发行的报纸《日本与中国》，摘自 2013 年 9 月 1 日版

关于周恩来与法政大学的关系，中村校长不仅在各处的口头演讲中有所言及，更以文字的形式记录了下来。这里仅介绍其中最为重要的两篇以资参考。

1.《法政大学新闻》1958 年 10 月 25 日 第 379 号

最近与风见章见面，他告知我周恩来总理曾在法政大学学习。我与周总理会谈时未曾提及此事，但据风见章所言，社会上的人总是误传周总理曾在早稻田大学学习，但事实上，周总理只是住在早稻田附近，而他所上的学校则是法政大学。这是周总理亲自告知风见章的，绝对不会有错。

2.《日中文化交流》1976 年 1 月 30 日 第 226 号

护宪运动的巨头之一风见章为促进中日邦交正常化访华。回国后，他把我叫到九段的议员宿舍，告诉我周总理曾在法政大学学习。一般总说周总理曾在早稻田大学学习，但事实上只是周总理的宿舍在那里，周总理的学校是位于神田的法政大学高等预备校。（中略）法政大学是和佛（也就是日法）法律学校的后身，以法国自由主义法学为办学宗旨，我认为这与周总理日后的赴法留学可能有着莫大的关联。

风见章（1886-1961）曾九次任众议院议员，先后所属于立宪民政党、国民同盟与日本社会党。风见章还曾任第一次近卫内阁书记官长与第二次近卫内阁司法大臣。从时间上来判断，谈论周恩来曾就读于法政大学一事，应当发生在1958年9月，也就是风见章作为"中日邦交恢复国民会议访华代表团"的团员访华之时。他当时的职务是日本社会党顾问、众议院议员。上述两则记录均提及风见章这一重政要物。故而笔者整理了风见章的访华经历，如表2所示，以资参考 [1]。

表 2 风见章的访华经历

日期	身份	同行团员	在中国的主要活动	备注
1953年9月28日（从羽田出发，途经香港进入中国境内）11月3日（回国）	第一期访华国会议员团	①田正之辅（团长、自由党）②由各党派推荐的议员13名 ③风见章（众议院议员、无党派）	①访问廖承志等政要 ②参加国庆节典礼	
1957年7月30日（从羽田出发）8月1日（莫斯科）8月27日（蒙古共和国）8月31日（北京）9月10日（平壤）（中略）10月1日以后（回国）	国际青年和平友好纪念（莫斯科的邀请函，现存于法政大学大学史研究中心）	①风见章（中日邦交恢复国民会议理事长、所属于社会党）②田寿（秘书·庆应大学教授）	①廖承志等在机场迎接 ②9月3日，出席周恩来主办的宴会，超过预定谈话时间两个小时 ③参观明十三陵 ④参加国庆节典礼	
1958年9月24日（从羽田出发）回国日期不详	中日邦交恢复国民会议访华代表团	①风见章（团长）②竹内实（翻译）	①参加国庆节典礼 ②受到周恩来的接见 [2] ③ 10月11日，与人民外交学会发表共同声明 ④访问廖承志等政要	发表在《法政大学新闻》第379号上的文章与符号

由表2可知，以下两个问题仍需进一步讨论。

1. 前述中村哲（原法政大学校长）在《法政大学新闻》第379号上发表文章的时间是1958年10月25日。中村在该文中称，周恩来曾亲自告知凤见章他"曾经在法政大学学习并居住在早稻田附近"，而凤见章又将此事转述给了中村哲。该文所述的内容应当对应于凤见章最后一次访华，也就是1958年9月24日开始的访华，我对这次的访华活动做了标记，但关于当时凤见章与周恩来的具体谈话内容，还有待进一步考证。

2. 根据当下的调查，凤见章与周恩来会见时的谈话内容可见于森下修一编纂的日语版《周恩来选集·上》（中国经济新闻社发行）中的《与日本六团体的谈话》一文第721页，但其中并未载有凤见章与周恩来的私人对话。因此目前并无法证实相关内容。为了继续查证，笔者分别通过①日本外交资料馆、②与旧社会党有着深厚渊源的社民党的相关组织、③当时担任翻译的原京都大学教授竹内实、④中国方收藏管理的外交资料等四种途径展开了调查，可惜的是仍然没有发现新的线索。而且竹内实先生已于2013年7月去世。也就是说，关于这一史实，仍有待进一步考证。

二、原法政大学社会学部教授柘植秀臣的观点

柘植秀臣（1905-1983）是日本的大脑生理学者。战后担任民主主义科学者协会理事、中央劳动学园大学教授、法政大学社会学部教授。74年任日本精神医疗中心脑研究所所长。

他在1976年2月15日的《朝日新闻》上发表了《故周恩来氏的"神田学校"》一文。"笔者经常访问中国，故而有幸得见慈悲而优雅和善的周总理。最后一次见到周总理是在为庆祝1972年中日邦交正常化而举办的宴会上，宴会在人民大会堂举行。我

长年在法政大学任教，听闻总理曾在法政大学学习过，所以一直都很好奇事情的真相。当我向总理询问时，总理回答我说：'不是法政，虽然我已忘记学校的名称了，但确实是在神田的某所语言学校。当时我的日语水平很一般。'除此之外，我们还聊了很多别的话题。这段话在73年1月5日的《周刊朝日》上刊登过，但不知为何《周刊读卖》还是报道说总理曾在法政大学上过学。"

在周总理留日期间，法政的《法学志林》（11卷2号）上刊登过一则"麹町区富士见町靖国神社、法政大学内、'东京高等预备校'"招募学生的广告，但这所学校并不是法政的预科。周总理所说的"神田的语言学校"很有可能就是这所"高等预备校"。

三、原法政大学校长大内兵卫教授引以为傲的经历

1950年，大内兵卫（1888-1980）任法政大学校长（当时写作"总理"，本文为方便阅读，故而统一使用"总长"一词）。他的专业是马克思主义经济学、财政学。大内还是日本学士院会员。大内担任大藏书记官以后，1919年任东京大学财政担当教官，任期中作为劳农派论客颇为活跃。1920年，大内因森户事件受到牵连而失业，几年以后复职。1949年从东大退任后，1950年至1959年间，大内任法政大学校长。大内与向坂逸郎作为社会主义协会、社会党左派的指导者活跃在各种各样的政治舞台上。

1955年，大内兵卫作为日本学术会议访苏学术机构团的代表访问苏联与中国。期间，大内与周总理进行了会谈。大内曾多次向同僚提起他与周总理会谈一事。并对周总理曾在法政大学附属高等预备校学习一事引以为傲。

现岛根县立大学大学院东北研究科饭田泰三教授与法政大学法学部教授、法政大学冲绳文化研究所原所长安江孝司教授作为大内校长的弟子经常听他讲述与周总理会见的故事。饭田、安江

两位教授在 2013 年 4 月 17 日下午 3 点接受了笔者的采访并再三证实了上述事实。

照片 3　大内兵卫（1955 年）

照片 4　从左至右分别为周恩来、南原繁、大内兵卫

照片 5　关于大内校长与周总理会见一事，饭田教授、安江教授做出证明

四、法政大学教职员所著纪念周恩来在附属高等预备校留学的相关文章

1)原法政大学校长谷川彻三[3](1895-1989)在1955年1月岩波书店出版的杂志《世界》(第109号)上发表了《对话的余地》一文。该文记述了他阅读了周恩来总理与日本议员团以及学术文化观察团召开的记者招待会的记录以后的感想。他在文中提到:"阅读这一记录使我的心情非常愉快"。

2)原法政大学校长大内兵卫作为日本学术会议访苏学术机构团的代表访问苏联和中国。访问中国时,大内受到周总理的接见,与周总理进行了面谈。关于此次面谈,大内在《如何实现社会主义》一书中作了详细说明。

"周先生个子很高,穿着格子纹的衣服,皮肤非常白,眉毛又很浓密,嘴唇紧抿。周先生的手掌宽大,手指细长。我想如果这个人成为演员的话,一定会非常受欢迎。面谈的时候,我和南原繁[4](1889-1974)表明了我们对两国政治经济的看法,其后周总理进行了总结。我从周总理的言辞间感受到了他的真诚。之后,我们还就日本与中国的教育制度和语言改革展开了详细讨论。等我们回到酒店时,已经过了一点。"

3)中村哲作为宪法拥护国民联合代表团的议员于1955年访问中国时,任法政大学法学院院长。当时,他与周总理等中国的部分领导人进行了会谈。1976年,为了追悼周恩来总理,他在《中日文化交流》(226号)中写到:"1955年,我作为护宪联合的一员与周总理进行了私人谈话。……我向他说明了当时的活动的意义。周总理一直注视讲述者的眼睛并推测讲述者的意图,像他这样的政治家可以说是空前绝后的。"

4)1956年6月29日,谷川彻三文学院院长作为团长率领亚洲连带文化使节团访问中国,与周总理会面。

5 1958年,《法政大学新闻》刊登了中村哲所著《法政时期的周恩来》一文。该文记述了前年（1956年）中村哲在中国与周恩来会面时，周总理曾提及自己曾在法政大学学习一事。

6）1964年，社会学部教授柘植秀臣参加北京科学研究讨论会，与周总理会面。（详见本文第2章）

7）1969年6月10日，日本《朝日新闻》刊登了冈本隆三[5]（1916-1994）所著《周恩来的名片，在籍学校为法政》一文。该文介绍了原法政大学校长中村哲从风见章那里听闻的周总理在法政学习的情况。而且该文指出，周恩来在日本所上的学校——神田区高等预备校（也就是东京高等预备校）就是法政大学附属预备校，因此周恩来曾在法政大学学习一事是可以确定的。

8）1976年1月，杂志《法政》（1976年1月号）刊登了《周恩来与法政大学》一文。该文记述了前文提到的原校长中村哲从风见章那里听闻的周恩来曾在法政大学学习一事。其后法大教授柘植秀臣访华，他从周总理那里得到了"学籍不在法政大学，而在神田的语言学校"这一确切回答。所谓语言学校就是法政大学的预备校——东京高等预备校。

9）1976年1月30日，《中日文化交流》（日本中国文化交流协会）226号《周总理追悼号》刊登了《与法政大学的渊源》一文。当时的法政大学校长中村哲记述了周总理在法政的学习情况以及与周总理会面的情况。另外，该文还推测周总理在法政大学学习一事是他前往法国后对法学产生兴趣的原因。

除以上重点性的介绍以外，笔者还以表格的形式对各种资料进行了整理，以资参考。（见表3）

表3 各种参考资料

	作者	题目与出版社	发行日期	内容	备注
1	谷川彻三（文学部部长，后任校长）	《对话的余地》,《世界》（岩波书店第109号）	1955年1月	阅读周恩来总理与日本议员团以及学术文化观察团召开的记者招待会的记录的感想	
2	大内兵卫	《如何实现社会主义》（岩波书店75-67页）	1955年6月12日	大内兵卫作为日本学术会议访苏学术机构团的代表访问苏联和中国。访问中国时，大内受到周总理的接见，与周总理进行了面谈	
3	新闻报道	《周恩来总理与校长的会谈——各地的盛大欢迎》,《法政大学新闻》第291号	1955年6月15日	关于大内兵卫访华的报道	
4	中村哲	《值得钦佩的中国政要的态度》,《法政大学新闻》第304号	1955年6月15日	访华的见闻与感想，介绍从法政毕业的中国政要	
5	菅原（编辑部）	《交流的萌芽——在中国的大部分毕业生》,《法政大学新闻》第305号	1956年1月25日	法政与中国的关系，介绍法政速成科与毕业生	
6	会谈记录	《法政大学与中国留学生》,《法政大学新闻》	1956年2月15日	1 本校的多数中国留学生 2 梅谦次郎 3 中国期待日本留学	

		第309号		生的到来 4 需要进一步了解中国	
7	新闻报道	《期望文化交流——中华全学联的信》,《法政大学新闻》第314号	1956年5月5日	中日两国留学生的交流状况	
8	香川正雄	香川君的中国消息《被一扫而光的殖民地残渣》,《法政大学新闻》第321号	1956年8月15日	日本学生的中国见闻录	
9	海老原光义	《战前未曾得见的热情——新中国的青年》,《法政大学新闻》第322号	1956年9月15日	观察中国后的印象	
10	平野义太郎	《再度AA组合——中日邦交的立脚点》,《法政大学新闻》第328号	1956年11月15日	关于中日邦交正常化的论述	作者是中日友好协会理事长
11	会谈记录	《中日邦交与文化交流》,《法政大学新闻》第332号	1957年1月10日	树立新阶段的中日邦交	
12	岩村三千夫	《日本与中国的对立——在根底里流	1958年6月5日	围绕长崎国旗侮辱事件讨论的中日关系	作者是中国研究所常

第四章　周恩来与法政大学

		淌的东西》，《法政大学新闻》第370号			务理事
13	中村哲	《到法政留学的周恩来，具有深刻意义的与中国的关系》，《法政大学新闻》第379号	1958年10月25日	凤见章向中村哲转述了周恩来本人曾提及在籍于法政一事	
14	平野克明（法学部四年生）	《法政大学与中国》，《草原》第4号	1959年1月13日	介绍资料13的内容	
15	安井郁	《日新月异的中国——与毛主席论"矛盾论"》，《法政大学新闻》第470号	1962年2月5日	介绍与毛泽东的谈话内容	
16	冈本隆三	《周恩来的名片，在籍学校为法政》，《朝日新闻》（夕刊）	1969年6月10日	介绍了与资料13相同的内容，认为周恩来曾在法政留学，由此认为周恩来在日时的名片上所写的"东京神田区高等预备校"就是"法政大学附属东京高等预备校"	
17	冈本隆三	《亚洲人物像 周恩来总理》，《朝日亚洲评论》（朝日新闻社）	1970年9月	周恩来"曾在籍于神田的高等预备校，预备校的正确校名与入学时期不明，推测为大正七年（1918年）9月以后。"	
18	立马祥介·守屋洋	《周恩来的谜》（主妇与	1972年6月25日	对周恩来曾在籍于法政一事持怀疑态度	

		生活社）			
19	柘植秀臣	《周恩来与法政大学》，《法政》	1976年1月20日	介绍了资料13后，叙述了自己曾向周恩来询问是否到过法政留学，并在得到"神田的某语言学校"这一答案后推断这一学校即为法政大学的附属预备校一事	
20	中村哲	《与法政大学的关系》，《中日文化交流》（周总理追悼号）	1976年1月30日	介绍了资料13后，认为周恩来当时在籍的是法政大学的高等预备校，并推测周总理的留法经历与法政大学的法学渊源有关	
21	柘植秀臣	《故周恩来氏的"神田学校"》，《朝日新闻》	1976年2月15日	柘植最后一次见到周总理是在邦交正常化以后的1972年。关于法政在籍的内容与资料和资料20相同	
22	渡边三男	《故周氏的学校是"东亚共立"》，《朝日新闻》	1976年2月24日	当时周恩来的学校是东亚高等预备校，而不是法政大学	
23	中村哲	《中村哲名誉教授公证会》，《法政大学与战后50年》	1996年7月28日	当时周恩来在籍的不是法政大学，而是位于法政大学内的语言学校。这件事是风见章访华前告诉我的	
24	的场伸一（茨城县立水海道第一高等学校校长）	《本校第一届毕业生风见章与中国》，《KA-KOUT-MES》第11号	2012年4月20日	介绍风见的事迹	茨城县立水海道第一高等学校报纸

第四章　周恩来与法政大学

五、法政大学现存资料中有关附属东京高等预备校（1910-1924 年）的记载

本文仅介绍两种资料。

1 由法政大学编纂的论文集《法学志林》中的广告

《法学志林》自 1899 年 11 月创刊至今。周恩来留日的大正 7 年（1918 年）与大正 8 年（1919 年）发行的《法学志林》几乎每一期都登有东京高等预备校的学生募集广告。（照片 6）该校设有"随时入学制度"与"奖学金制度"，其主要目的在于辅助（升学）考试。周恩来志愿的东京第一高等学校与东京高等师范学校在该校准备考试的目标学校之列。

2 法政大学历史年代表的记载

笔者在追踪调查法政大学的历史的过程中，发现了图解法政大学历史变迁的《法政大学百年史》（法政大学出版，1980 年）一书。法政大学附属东京高等预备校的位置在年代表中间标示得很清楚。（照片 7）

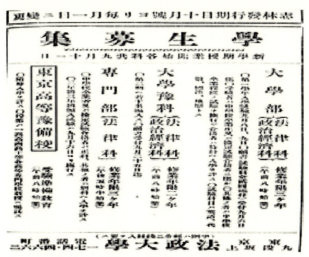

照片 6《法学志林》几乎每期都会登载的东京高等预备校的学生募集广告

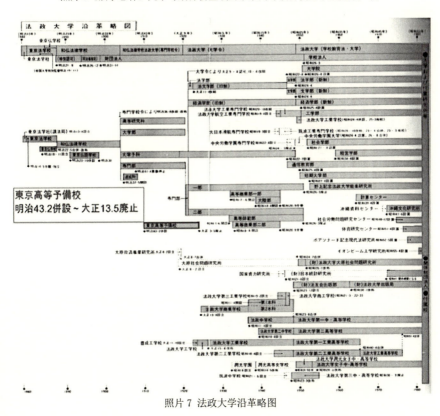

照片 7 法政大学沿革略图

第四章 周恩来与法政大学

六、对周恩来留日日记的考察

1998年2月,收录有周恩来留日时期日记的《周恩来早期文集》[6]一书出版。翌年(1999年)10月,(该书的)日语版《十九岁的东京日记》[7]一书在日本发行。迄今为止,能较为全面地反映周恩来留日时代生活的一手资料大概就是这一日记了。在反复比较两部作品后,笔者整理了周恩来在日本的主要活动地点:

青年会、东亚高等预备校、高等师范学校、第一高等学校、神田神保町、早稻田、三越吴服店、日暮里、上野、浅草、田端、荒川、九段、本乡、牛达、横滨、东京堂、丸善、日比谷公园、神田的书店、菊富士酒店、公使馆、监督处、服装店、中华楼、汉阳楼、源顺号、北京饭店、第一楼、正金银行、邮局、朝鲜银行等。

上述内容中并没有周恩来直接接触法政大学附属高等预备校的相关记录。但换个角度进行更为详细的考察,则可发现某些至今仍未被指出的间接线索。

(1) 周恩来的留日日记是不完整的

周恩来在日本的留学时期如下所示:

① 1917年9月中旬-1919年4月:日本留学。

② 1918年1月1日-1918年12月23日:有日记。

③ 1918年1月1日-1918年8月28日:有详细的内容。

通过日记的记述可知,当时周恩来确实在东亚高等预备校学习过。但日记只详细记录了1918年1月1日至8月28日之间的生活,并没有记录到日本最初的三个月与回国前半年的生活。也就是说,周恩来的日记是不完整的。对于这部分没有记录的生活还需要更为详细的调查。在那段时间里他有可能在法政大学附属高等预备校或是其他学校听讲或者临时入学。

(2) 日记记录了周恩来与南开大学创始人之一的范源廉接触的可能性

有可能性的记载有三处。

4月12日（《周恩来早期文集》352页）：早起往季冲处见范翁先生，并信天夫妇。

4月15日（353页）：再访季冲，尚未归，与范老谈至夜午，季冲来，留宿。

4月20日（354页）：早起往送范老、季冲及信天夫妇。八钟归来。

根据《范源廉集》[8]可知，1918年4月，南开大学创始人之一的范源廉在前往美国进行教育视察的途中，到东京拜访了在东京的南开的学生。日记中的"范翁"、"范老"有可能指范源廉。范源廉与法政速成科的创设和发展有着深厚的渊源。详见下章。

值得关注的是，尽管周恩来未在日记中详细记述当时的谈话内容，但可以推测的是，如果范源廉与周恩来晤面，将在对话中提到开设清国法政速成科的原委与法政大学校园内的高等预备校的情况。依据有四。

①范源廉是学习教育学并有很多实践经验的教育专家。与周恩来面谈时，正是他为履行创办南开大学这一使命而访美访日的时候。他的一系列活动自然与他的访日目的紧密相联。而且周恩来还是南开中学的毕业生。

②范源廉为实现教育救国这一理想，在日本留学时，他参与了诸多学校的创办与建设。正如下一章所述，法政大学清国留学生速成科与实践女子学校等的建校记录中均提到了范源廉的积极参与。这些宝贵的经历不仅融入了他的人生轨迹，也与他日后的壮举之一——创办南开大学——有着紧密的联系。随着时代的变迁，为了考察在日本习得的教育经验的实效性，他的再次访日必

然需要多角度的观察,同时也需要与自己不同时代的志向高远的在日留学的后辈的建议。因此,他与周的晤面可以说是可能的。

③由于范源廉的个人事业与公共事业均与法政大学和南开大学有关,想必他在言谈间自然地向年轻的南开学生周恩来传达出了这样一种信息。风华正茂的周恩来受到他的影响会对法政大学产生好奇心也是很自然的事情。于是周恩来在与范源廉见面之后,参观了法政大学并顺便去了附近的靖国神社。

④范源廉遵照1899年9月与梁启超的约定赴日后,开始在梁启超创办的大同学校学习。直到去世的前一年(1926年),范源廉都仍在追随梁启超,并成为了京师图书馆馆长的继任者。梁与范之间是生死与共的师生关系,这一点通过梁启超年谱可以看出来。1929年1月19日,梁启超因病去世,这恐怕也与对范源廉的早逝感到过于悲痛有关。

1917年2月28日,少年周恩来为来南开演讲的梁启超写了一篇演讲记录稿,题为《梁任公先生演说记》,该文文辞优美、条理清晰,被收录在2013年新刊的《周恩来南开中学习作释评》[9]一书中。梁启超、范源廉、周恩来三人之间有着深厚的渊源。而范源廉在这三人中间起到了承上启下的作用。周恩来对范源廉大概也是十分尊敬的。

照片8 周恩来南开中学作文集

众所周知,周恩来之所以回国求学,是因为南开大学的成立。而范源廉是南开大学的创建者和第一届理事。范与周在日本的那次谈话很可能与即将成立的南开大学的新生招募有关。就像当年梁启超选择了范源廉那样,范源廉自然也不会错过南开出身的人才。周恩来与范源廉的最大共通点在于他们与梁启超的关系以及共同的留日经历。法政大学周边是他们跨越时代携手并进的重要地域。

(3) 参观法政大学附属预备校附近的靖国神社

大概在与范源廉晤面之后,周恩来参观了靖国神社。根据《法政志林》(1918年,11卷2号)的记载,当时的东京高等预备校的位置是"麴町区富士见町靖国神社侧,法政大学内,东京高等预备校"。两地距离很近。

日记中的相关记述如下:

4月30日(《周恩来早期文集》357页):晚往九段观靖国神社大祭,遇雨止,至青年会观报。

5月1日(358页):晚游九段,适日本大祭靖国神社,观之感慨甚多。

6月2日(374页):早起往"新中"参与聚会,既散,往访梦九,谈至午,偕与出就食于会元楼。饭后游"游就馆"。

从日记内容来看,周恩来曾前后三次参观靖国神社。当然,那个时候还没有发生侵华战争,靖国神社也还没有供奉战犯。法政大学一带为护城河所包围,有着辛亥革命人士留下的足迹,景色怡人,风情满满。我们可以想象,周恩来带着对南开大学创始人范源廉的尊敬、对学校经营的探求以及对自身未来发展的考虑,在法政大学周围一边散步一边思索的样子。

但周恩来并未在日记中明确提到法政大学。也许他当时确实在籍于法政大学高等预备校,但因为不常去学校,所以他认为没有记录的必要。而由于日常生活太过紧张,并没有什么时间参观靖国神社的他,因为难得到这里游玩,便写在日记里以作纪念。总而言之,即使周恩来之前没有到过法政大学,但因为他数次参

照片 9 周恩来行动图
出处：《十九岁的东京日记》（矢吹晋编・铃木博译，小学馆）

观了靖国神社，所以我认为，出于强烈的好奇心，他不可能不去附近的法政大学一看。

七、范源廉与法政大学

范源廉（1876-1927），字静生，湖南湘阴出身。1899年-1905年在日本留学，最初在梁启超创办的东京大同学校学习，之后进入东京高等师范学校学习。1904年提议创设法政大学清国留学生速成科。1906年学成归国后在清朝的"学部"（注：清朝末期的中央教育管辖机构）任职，中华民国建国后曾三次出任教育总长。1913年至1916年间任中华书局总编辑。

范源廉参与创建的中国近代大学主要有南开大学、清华大学和北京师范大学三所学校。1918年春，范源廉与严修、张伯苓等共同赴美考察，翌年回国后，范当选为"南开大学设立筹备委员会"委员。范源廉一方面与张伯苓合力拟订校章，一方面自愿认捐数万元以筹建南开大学。1919年9月25日南开大学开学典礼上范源廉的演讲至今令人难忘。1921年，范源廉当选为校董事会董事长。[10]

范源廉与法政大学的渊源始于"清国留学生速成科[11]"（以下简称"法政速成科"）的创立。速成科的设立者是当时法政大学的校长梅谦次郎，他在1905年的一篇文章中回忆到："去年三月，法政大学的学生清国人范源廉氏要求和我见面。……他认为法政速成学校的设立是必须的。"

根据这一提案，梅谦次郎"在得到小村寿太郎外相的支持后，通过小村外相的介绍见到了清国驻日公使杨枢。……公使对这一企划非常赞成，在游说清国各省总督与长官的同时，还向清国的皇帝陛下上奏，制定了继续派遣留学生的计划。由此，经过文部省的批准，法政速成科得以设立。[12]"

从1904年3月范源廉的提案，到4月26日法政大学向文部省提出申请，到4月30日获得批准、5月7日开学，在如此短的时间内得以实现行政审查、教师配备、学生确保等项，可以说与中国上至皇帝下至各省地方行政官、驻日公使以及日本外务大臣、文部大臣、司法大臣等中日双方的大力支持密不可分。

当时，中国急需精通近代西方政治法律知识的专门人才。但当时还没有专门培养近代法政人才的教育机构。范源廉和曹汝霖进行了商议。

"我学师范，回国后拟在教育方面致力，君学法律政治，回国后当然在那方面有所贡献。惟政治不良，教育亦无从着手，两者相辅而行，政治比教育还要紧。但人才缺乏，又不能立刻造就，我来与君商议，想在日本办一速成法政班，虽不完全，总比没有学过的好。[13]"

通过上述分析可知，范源廉创设法政速成科的目的在于解中国急缺法政人才这一燃眉之急。法政速成科设立后，课程均由日本的老师负责讲授，中国留学生在现场翻译。范源廉不仅担任课堂翻译，也负责留学生活动时的日常会话翻译。范源廉担任了

1904年10月1日"法政速成科恳亲会"的首席翻译，在同年12月举行的恳亲会上还代表清国留学生用日语发言。此外，他也负责翻译人员的联络工作。

范源廉参与了速成科的学制设计，最初，法政大学校长梅谦次郎提议速成科"学制一年"。1904年9月，经过一段时间的授课以后，范源廉发现一年的授课时间过短，故而再次与梅谦次郎校长面谈，提出希望改学制为一年半。法政大学根据这一提案，于同年11月改订《法政速成科规则》，延长学制为一年半。

范源廉虽然不是速成科的授课教材《法政速成科讲义录》（1905年2月5日开始发行）的译者，但他是当时留学生总会的副干事长，是"最有声望的"。另外，范源廉还于1904年8月4日与杨度、曹汝霖、黎渊、蹇念益等留学生聚会"议如何改良国之法政[14]"。以上四人均为《法政速成科讲义录》的译者，而组织翻译的工作是由范源廉完成的。值得一提的是，范源廉还参与了由法政大学发行的中文杂志《东洋》的编辑。范源廉在《东洋》第1号上发表了《清国女留学生之卒业》一文，列举了清国女留学生的优秀之处，倡导女子留学。

"以巾帼女流之身。挟勇气。怀决心。越海负笈而游于万里之外国。萤灯雪案。兹卒其业。亦伟矣哉。吾人此次闻在下田女史所主宰实践女学校清国女学生之卒业。有不任欣喜。者爰发骘记其事。

昨年七月清国湖南湖北地方之女学生入实践女学校者二十人。间以家事或抱病等。中途归国者八人。余十二人。本年七月皆卒业。列举如左。

……

更关于该校之授业法。留学生之生平。及毕业后之方向等。据所问于校长下田女史。副长青木氏等者述之。该校方授业开始之初。学生年龄各异。学力亦参差。如黄宪佑。能诵四书五经。长句诗什。援笔立就。其间学力大相悬隔。教授颇感困难。于是分师范工艺二科。更招聘学生监督（范源濂）经理人（刘善浤）学务协商（吴家驹）经费协商（刘颂虞）汉文教习（章行严）教育心理汉译（杨昌济）理科汉译日本语法教授（陈介）心理通译（熊崇熙）八氏先由坂寄。……抑清国妇人之缺点。多在自尊力之过高。然今日毕业者。较诸日本淑女。亦无愧色。足为女学生之模范。当其在寄宿时。舍监手持巾箕。欣然为之洒扫。或遇女佣沾恙。则自入庖厨。炊爨调理。其寄宿舍生活恰一家亲族。得无复望乡之感。能专心于学。进步神速。修业仅一年。其成绩乃与三年以上之修业者。殆相匹似。盖彼等性者灵颖有闻一知十之风。如优等生黄国厚者各学科大约满点。或在九十点以上而工艺科之留学生。刺绣造花图书之外。更教以博物。生理。数学等。亦著进步。其手造之器具。教师等皆卷舌惊叹。仅以一年之修养。而技艺无不精妙。是等手工之练习。解悟极敏。无论何等精致之工。一为指导。随即领会。此盖先天的性质。日本妇人所不及也。又其一举手一投足。悉皆感化于日本的。克己之力甚强。较之蛰居一室。不见人面为习惯之一般清国妇人。则相去何啻霄壤。他日还国之后。以其所学习闻见。诱导其侪。使知女学之不可缺。则清国女学之开发可得而期矣。是吾人之所切望于毕业诸子也。……此等卒业生。归国之后。抱大贡献于自国之女子教育之决心。而如黄氏一族。东游已前。已设男女学校。及贫民学校专尽力教育者有年。更欲策其发达遂令黄宪佑王勤等。别良人离爱儿。游学异国。兼监督年少。黄王两女史。龄已过初老。双悬瑷碟修新进之学科。洵可感也。黄宪佑。为许壁之母。其他皆姐妹姻娅行。黄氏一族。留学日本者。实有二十五六人之多。又王勤之少君某。亦在商船学校。"

由法政大学创刊编辑的杂志《东洋》的发行情况如表 4 所示。[15]

通过法政大学现存资料可知的范源廉的主要在日活动如表 5 所示。[16]

表 4 杂志《东洋》的发行情况

号数	发刊时间	发行所	发行者
第 1 号	明治 39 年 8 月 15 日	东洋社	关安之助
第 2 号	明治 40 年 1 月 28 日	法政大学	萩原敬之
第 3 号	明治 40 年 2 月 28 日	法政大学	萩原敬之
第 5 号	明治 40 年 5 月 4 日	法政大学	萩原敬之
第 6 号	明治 40 年 5 月 29 日	法政大学	萩原敬之
第 7 号	明治 40 年 6 月 30 日	法政大学	萩原敬之
第 8 号	明治 40 年 8 月 2 日	法政大学	萩原敬之
第 9 号	明治 40 年 9 月 6 日	法政大学	萩原敬之
第 10 号	明治 40 年 10 月 5 日	法政大学	萩原敬之

照片 10 《东洋》上刊登的范源廉的照片
（右侧是范源廉。摘自《东洋》第 2 号 18 页）

表5 法政大学现存资料所表明的范源廉的部分在日活动

时间	标题	内容	出处
1904年4月	《清国留学生法政速成科设立趣意书》	……与清国留学生之有志者谋。又得清国公使之赞成。特设法政速成科。	《法学志林》第56号，第105-106页；《法学志林》第51-60号，1904年
1904年10月1日	"法政速成科恳亲会"	清国留学生法政科第一学期结束……开设……恳亲会。当天……翻译范源廉、曹汝霖、李盛铎、梁志宸	《法学志林》第62号，第119-120页；《法学志林》第61-64号，1904年。
1904年10月18日	"法政速成科新学期开始"	清国留学生法政速成科的新学期课程自十月十八日开始。当日，校长梅博士、杨公使与范源廉氏进行指导讲话。	《法学志林》第63号，第95页；《法学志林》第61-64号，1904年。
1904年12月11日	"庆祝各种考试合格的宴会兼校友学生、清国留学生恳亲会"	本月十一日……举行……清国留学生诸氏的恳亲会……出席者……以及清国留学生……范源廉……（出席顺序）诸氏。……清国留学生代表范源廉讲话（日语）等……	《法学志林》第64号，第113-114页；《法学志林》第61-64号，1904年。
1905年10月	《为法政速成科洗冤》	去年三月，法政大学学生清国人范源廉氏要求与我见面……感到有必要设立法政速成科……去年九月范氏提出……希望延长至一年半……于是将课程延长至一年半	《法学志林》7卷10号，第40-42页；《法学志林》7卷1-6号，1905年
1906年8月	《发刊辞》	为《东洋》创刊而写的祝词，庆祝《东洋》创刊，清国北京学部参议官范源廉	《东洋》第1号（1906年8月15日创刊），第5页
1906年8月	《清国女留学生之卒业》	昨年七月，清国湖南湖北地方之女学生入实践女学校者二十人……更招聘学生监督（范源廉）	同上，第61页
1907年1月	照片"清国优秀青年"	清国优秀青年 范源廉、李穆、蹇念益	《东洋》第2号（1907年1月28日发行），插图，第4页
1941年1月	"法政大学同学会"	我辈之母校法政大学……凡国内政界、法界及学界，母校出身之学生莫不居其要津。远之如范源廉……其贡献于祖国者，成绩斐然可观。	《法政大学报》19卷第1号，1941年1月15日，第43页

范源廉1906年回国后,在"学部"、"右待郎"严修的推荐下任"学部"一职(该职设立于1905年12月末)。1909年3月末任"员外郎"一职[17]。范源廉由学部奏请"进士馆[18]变通办法派遣学员出洋游学",建议将新进士一律送往日本东京法政大学速成科。1904年,他把入馆的内班生(住校生)推荐给法政大学辅修科、把外班生(通学生)推荐给法政大学速成科。其经费则由"学部"从"进士馆"的经费支取[19]。《法学志林》中有如下记载:

"清国北京进士馆此次进行了制度改革,其结果是将学生(进士)托于我法政大学,对其进行法政教育。首先,进士馆教头严谷博士与法政大学交涉,在此基础之上,清国'学部'与在北京的梅校长详谈,此时清国公使馆获得正式发行的入学介绍书,共三十七人进入辅修科、另行记载的第五班五十八人则进入速成科,合计共九十五人入学。[20]"

进士馆全体成员"转入"法政大学时,也正是法政速成科的发起人、策划者范源廉任"学部"一职时,他在这一过程中起到了至关重要的联络作用[21]。范源廉通过创建并且有效利用法政速成科这一据点,为中国近代国家体制的建设与发展培养了大批人才。法政大学在范源廉病逝后,派遣了相关人员参加他的葬礼。松本龟次郎在《中华五十日旅行记:附中华留学生教育小史、中华教育视察纪要[22]》一书中,记录了这一令人难忘的历史时刻。

"昭和五年(1930年)三月十四日,在东亚同文会的楼上,举行了清国'学部'、前'右待郎'严修、长男严智崇与教育总长范源廉的追悼会。严修任'学部'、'待郎'期间,为学生的赴日留学与本国的教师招聘竭尽全力。范源廉曾在我国宏文学院留学,还在法政大学担任过翻译与联络人。回国后先是任清代的'学部'一职,民国时期则任教育总长这一要职。范源廉与我国人士交流最广、最有声望。严智崇曾在我国东京高等师范学校求学,回国后在天津分别设立了师范学校、高等女子学校、中学等,最后在驻日公使馆任职。在任期间于东京客死,深受我国国民同情。司会:丸山传太郎;亲友:严智开;文化事业部长:坪上贞二;中华民国驻日公使:汪荣宝。"

根据同文的记载,葬礼的发起人与参加者分别有:嘉纳治五郎、服部宇之吉、杉荣三郎、坂西利八郎、柏原文太郎、山井格太郎、牧田武、小野得一郎、三轮田轮三、玉木直彦、秋山雅之介(1931-1934任法政大学校长)、竹内义一郎、清藤秋等。

范源廉开中国教育史之篇章,同时在日本教育史上也留下了浓墨重彩的一笔。他开两国同时代之幕,培养了跨越地域的一批精英。那个特殊的时代是由他造就的,他承上启下,为填补一个时代的教育空白而开辟道路,培养周恩来等伟学有所成。笔者认为,他有意让周恩来回国并让他进入更好的学校,而且他还让周恩来在留日期间利用有限的时间和场所对几所大学和教育机构进行了考察。当然,这一推测需要科学的证据加以佐证。

八、周恩来留日的特点

2013年是周恩来诞辰115周年。对周恩来留日期间的活动进行现场调查与时代考证,不仅能科学地展示异国知识探求者的先行模式,同时也能解析留学文化与中国革命的关系,更能论证周恩来在中国与世界融合的过程中所发挥的不可替代的作用。对海外的周恩来研究专著进行综合比较以后可以发现,周恩来的留日生活可被归纳为他革命生涯早期探求阶段的一个过程。不论在哪所学校学习,都是他有意识地进行选择的结果,而所有的收获也都与他的留学目的相关。其留学特色可归纳为六点。

1 符合时代背景的个人选择

日本留学热的背后贯穿了中日两国的时代背景。在中国，人们渴望青年的觉醒，导入新式教育与西方思想迫在眉睫。而其中最有效的方法就是把中国的青年送往海外留学。吸收了西方的经验且与中国相邻的日本成为了最好的选择。与其他有志青年一样，周恩来也将自己的留学志向与改革社会的决心合而为一。作为探求东洋的方法，他选择了留学日本——"大江歌罢掉头东"。

2 倾向于学习实用的专业

结合当时中国社会的需要，相较于理论思想的吸收，周恩来在留学期间更多地是关心社会活动。他曾在许多社团担任过职务。如：学生报纸《校风》总经理、演讲协会副会长、国文学会干事、江浙校友会会长、新剧团大道具部长、暑期服务会干事长等。从这些事例也可看出周恩来作为卓越政治家的组织能力的脉络。

3 把日本作为媒介的留学观

周恩来在日本留学期间，始终在积极地理解日本社会与日本民情。因为对于当时的他来说，日本是他直接接触世界的唯一窗口。他在深入观察日本的生活与社会风气的同时，体验了轰轰烈烈的反日运动，但即使是在动乱与混乱之中，他也始终没有丢失作为学生的本分，一直都以学习为生活重心。周恩来观察了当时中日两国社会的变革与历史潮流的变迁，而这些经验为他日后把握复杂的中日关系，提出人民外交思想与中日邦交正常化奠定了基础。对于周恩来而言，日本不仅是学校，同时也是验证历史演进的实验基地，更是把握时代潮流的媒介与学习中国改革知识的据点。

4 共产主义思想与留日留法经历的关联

周恩来真正意义上接触社会革命思想，尤其是马克思主义，是在1917年以后约一年半的旅日期间。但周恩来在日本学到的与其说是理论与思想，倒不如说是政治感觉。周恩来从日本回国后，通过在"觉悟社"的学习与实践，逐渐形成并强化了中国革命的理论思想。严格来说，周恩来在理论思想方面的成熟与升华是在留法期间。

5 构筑良好国际关系战略的体验与智慧的储备

周恩来留日期间，日本社会正在消化西方的民主主义思想，社会生产力也得到了极大提高。传统的贵族社会逐渐崩坏，拜金主义盛行，当时的日本社会是不平衡的、多元的。另一方面，当时的日本认为，原来有着悠久历史与灿烂文化的中国已经陷入了一种政治混乱、经济贫困、文明停滞的状态。日本对中国的这一认知给了周恩来从外国人的角度重新审视本国政治、军事政策的机会。同时也为周恩来树立健全的自我认知与对外认知提供了非常鲜活的素材。以在日本的体验为基础，周恩来留法后，通过对西欧的观察指出："全世界无产者为创造新社会，必须共同承担艰难的责任，并且我们'中国人'也必须切实地分担"。这一认知在现在看来是非常理所当然的，但在共产党成立前，尤其是在俄国革命的走向还不明朗的时候，二十岁出头的留学生周恩来能有这样的发言，可以说是意义重大的。留日期间所形成的这些认知，经历时代的变迁在留法期间得到了发展，体现在他作为建国后国家领导人所主导的一系列外交战略中。

6 留学经验是周恩来那具有包容性的人民外交思想的依据

"大学"是各种各样的政治意图与利害关系相互对立的场所。而各种学生事件均反映了当时政局的混乱状态与各势力间相互争夺的复杂局面。革命家的思想会围绕斗争目的走得很远，同时也会在斗争手段的选择和评价上考虑得很深。留学现场使得周恩来十分重视沟通与交流，也巩固了他构筑统一战线的信念。他还在日本与欧洲的历史与现实中间，掌握了"政治理论和思想与宗教信条一样，与其自身的绝对价值相比战略居多"等策略。这些都与他后来的国际战略与外交思想一脉相承。

九、周恩来留日研究的相关课题
（1）周恩来后人访问法政大学

2012年4月20日，周恩来总理的后人（侄子、侄女）周秉德女士（原全国政治协商会委员、原中国新闻社副社长）、周秉宜女士、周秉华先生、周秉和先生一行访问了法政大学。下午1点左右，一行来到法政大学外堀公园的樱花树下，与法政大学王敏研究室的留学生一起举办了"樱花诗会"。

其中周秉德女士夫君的祖父沈钧儒（1875-1963）先生也是法政大学的毕业生。

1905年秋，沈钧儒以"新科进士"的身份进入法政大学速成科学习，1908年毕业。1949年以后，沈钧儒历任中国人民政治协商会议委员会委员、中央人民政府委员、中央人民政府最高法院院长。其著作有：《制宪必携》、《宪法要览》、《政法教育的普及》等。

"诗会"回顾了年轻的周恩来东渡日本，在学习探求的同时播下中日友好种子的历史，也复习了当时法政大学接收培养大批优秀中国留学生的历史事实。最后，全体成员一起朗读了1917年9月周恩来即将坐船赴日时写下的满怀救国抱负的著名诗篇。

"大江歌罢掉头东，邃密群科济世穷。面壁十年图破壁，难酬蹈海亦英雄。"

网站"碇丰长诗词"为此诗作注解：咏完"大江"歌，便把头转向了东方的日本。力求以精深的科学来拯救世之困窘。十年间，向壁学问，以求破壁。（项羽是英雄），冒着危险渡海的也是英雄。

照片 周恩来后人（左起周恩来之姪周秉华、周秉和、周秉宜女士、周秉德女士。右起周秉宜夫君任长安、右三王敏。其他为王敏研究室的留学生。2012年4月20日在法政大学樱花大道。

照片 2012年4月20日 与周恩来后人在法政大学图书馆

照片 2012年4月21日 国际交流基金前理事长·小仓和夫氏主办的欢迎周恩来后人的晚餐会（于国际文化会馆）

照片 沈钧儒的法政大学毕业照

照片 2013年3月5日 在王敏研究室研修的《人民中国》记者与国际交流基金的工作人员。于周恩来经常就餐的"汉阳楼"前。

(2) 周恩来留日前的习作

2013年，正值周恩来进入南开中学学习100周年之际，由天津南开中学、中央文献研究室第二编辑部编著、人民出版社出版的《周恩来南开中学习作释评》一书出版。如题所示，该书对周恩来在南开学习期间的习作进行了整理与评论。

1913年至1917年，周恩来在南开中学学习。共作论、记、传、启、书、序、感言等52篇文章。旅欧前，周恩来亲自将这些手稿装订成册并交由朋友保管。经过了战乱与时间的洗礼留存下来的周恩来习作是周恩来研究的重要资料。该书按习作的成文顺序排列习作，由于习作多由文言文写就，为了方便青少年读者阅读，全文加有详尽的注释与简单易懂的时代背景、创作动机介绍。该书对周恩来习作的思想性与文学性也做了细致的分析与评论。

进入南开中学时，周恩来未满十五岁。当时的他还没有意识到自己将会成为改变中国历史的伟人。但当时的周恩来已经显现出超出一般人的思想高度与知识广度，尽显伟人之气质。纵观历史上各个领域的伟人，没有谁能轻易成功。虽然各个时代的背景不同，但个人的成长与升华过程却都有相通之处。作为共和国创始人与建设者的周恩来的成长与升华过程，可以通过这52篇习作看得出来。

总体来说，周恩来南开时代的习作的最大特征是：心怀天下，忧国忧民。民国初年，辛亥革命虽然推翻了千年帝制，但内忧外患依然深重。周恩来在文章中将这样的形势描述为："莽莽神州，茫茫大陆，风雨霾霾，烟雾沉沉。俄叱其北，英伺其西，法睒其南，日据其东。处此飘摇震荡之时，岂非今日千钧一发之中国乎？"一名中学生，能常怀家国，并能以这样简洁的语句描述国家的形势，着实令人惊叹。不仅在语言文字上，在行动上也是一样。1915年春，在选择春游地点时，周恩来说："至于旅行地点，弟意以济南为宜。盖藉此行以观日人进兵之举动，与我国官吏之措施方法。"也就是说，在旅游放松这样的事上，周恩来也在考虑如何与国家大事相结合。

且不论周恩来习作的思想性，仅就习作的文学性而言，周恩来南开时代的习作也十分值得赞赏。周恩来在文中引用了《诗经》、《论语》、《史记》、《资治通鉴》等大量古典，或直接引用，或间接引用，而且大部分都浅显易懂，由此可见周恩来的古典造诣之深。不仅是中国古典，周恩来对18、19世纪西方资产阶级的启蒙思想也十分精通。在文中常常引用卢梭、孟德斯鸠与亚当·斯密等的观点，并将之与中国的传统思想进行对比，结合中国国情，评价其在中国的适用性。

当代中国国情与当时相比已经发生了根本性变化。国富民强的中国以大国之姿立于世界之林。然而当代青年与当时相比又当如何？像周恩来那样学识丰富、心怀家国的青年又有几多？现在的许多青年崇尚物质与金钱，在以自我为中心的泥淖中无法自拔。像这样的青年如果能阅读周恩来的习作，想必就能更好地确立人生志向、建构人生价值观。树立正确的目标才能找到正确的前进方向。此外，阅读周恩来习作对于提高文学素养、增长历史知识也大有裨益。而对于研究青年周恩来思想的学者而言，该书则是贵重的研究资料。

（3）万隆精神的透明轨道

2013年8月，顶着烈日，笔者终于来到了盼望已久的万隆。这是因为，万隆会议是我小时候记忆中的几个重大事件之一。万隆会议是于1955年4月在印度尼西亚万隆召开的反对殖民主义、推进亚非各国民族独立的会议。中国总理周恩来率领代表团参会。会议一致通过了构筑国际关系的十项原则，并提倡亚非各国为本地区与世界和平友好合作。在笔者心中，万隆精神这一"国格"

与父母教给我的自强不息的"人格"相互融合,难以忘怀。

22日,笔者独自从雅加达出发,乘坐了两个小时列车后赶到了位于市中心亚非大路的万隆亚非会议纪念博物馆。1980年,为纪念亚非会议召开25周年而建立的该馆以当年的会场为主体,保存了万隆会议的相关照片、文字资料与实物。最精彩的是能够听到当年出席万隆会议的各国代表团团长的实况录音。其中,周恩来总理的"我们应该承认,在亚非国家中是存在有不同的思想意识和社会制度,但并不妨碍我们求同和团结"这一发言也能够清晰地听到。

或许是周总理的声音跨越了时空,23日,印尼宗教大臣代表、印尼外交部新闻局长 AM Fachir、印尼伊斯兰教理事会(MUI)代表、穆斯林联合总会主席、印尼儒教(MATAKIN)总主席、印尼宗教文化交流协会主席,以及马来西亚、新加坡、台湾、中国大陆、日本、秘鲁等国家和地区的代表积极参加了在雅加达由印尼伊斯兰教理事会(MUI)与印尼儒教协会(MATAKIN)联合举办的2013年伊斯兰教与儒教峰会的欢迎宴。这不禁令人感到万隆精神至今仍在熠熠生辉。

本次峰会以"伊斯兰教与儒教对构筑和平新文明的贡献"为主题,围绕以下四大议题展开了讨论:沿着丝绸之路与相关线索追寻儒家文化与伊斯兰文化的关联;在印尼宗教信徒和谐发展中两宗教的交汇点;伊斯兰与儒家文明为亚非、世界和平做出的贡献;制定为世界和平做出贡献的《雅加达宣言》,为促进信仰与宗教的稳定关系提供新思考。

24日上午开幕式上印尼副总统布迪约诺的讲话令人难忘。他说到:"破坏社会安全的冲突事件都是为了政治与经济利益,并喊着维护宗教利益的口号。没有一个宗教认可暴力行为"。他还强调:"从信徒的人口比例来看,伊斯兰教徒和儒教信徒携手并进的意义非常重大,会为人类文明、社会和谐以及世界和平增添新的色彩"。

会议持续了两天四夜,制定并宣布以世界和平为目标的《雅加达宣言》后,印尼负责宗教问题的纳沙鲁丁乌玛副部长宣布大会成功闭幕。这一和平宣言的内容获得了参加会议的香港儒教学院院长汤恩佳博士、马来西亚拉曼大学中华研究院郑文泉博士、世界儒学研究协会主席丹斯里李金友、以及其他来自世界各地的约两百余名研究者、教育者和宗教家的一致推戴。

会后,笔者参观了小学与反映当地华人历史与生活的文化馆,各个人种与各个年龄段的普通居民都知道周恩来的名字,也都表达了与中日两国携手共同守护亚洲与世界和平的愿望。

事实上,我们依然无意识地行走在万隆精神的透明轨道上。以上内容详见附录三。

(4) 未完成的课题——周恩来与孙中山、廖仲恺、沈均儒

这三位都与笔者任职的法政大学有关。篇幅有限,这里仅简单介绍周恩来与廖仲恺一家的友谊。

1923年秋,孙中山与国民党总部任命周恩来为国民党巴黎通讯处筹备人员。1924年1月17日通讯处成立后不久,孙中山听取共产国际代表的建议,于1924年5月设立了黄埔军官学校。黄埔军校是由国共两党共同创立、以培养革命军队主力军为目的的军事政治学校。同年11月,周恩来应校长孙中山、同校国民党代表廖仲恺之邀出任政治部主任。

1924年5月,廖仲恺被孙中山特派为黄埔军官学校中国国民党代表,开展筹备工作。1924年5月6日,在黄埔军官学校筹备委员会成立会上,廖仲恺正式向孙中山汇报并推荐了周恩来,认为他是一名"极有才干、经验丰富的年轻共产党员"。孙中山在听到这一举荐后马上就同意了。于是廖仲恺通过广东中共负责

人与周恩来联系,并寄送旅费,准备周恩来的回国事宜。11月11日,周恩来正式出任黄埔军官学校政治部主任。此后,周恩来与廖仲恺两位伟人,在1925年8月廖仲恺被国民党右派刺杀牺牲前,是经常见面,共同行动与战斗的。两人一同开创了军官学校的政治工作,同校的教官师生称赞廖仲恺为"军官学校的慈母"(像母亲一样温柔地培养学生),周恩来为政治部的"火焰"。

正是因为有这样的历史渊源,建国后,周恩来在对日工作方面经常与廖仲恺之子廖承志合作。

1949年6月15日至19日,新政治协商会议筹备会在北京召开了第一次会议。周恩来作为临时主席,致开幕辞。当晚,召开筹备会常务委员会第一次会议,推举毛泽东为常务委员会主任,周恩来为副主任。当时廖承志的职务是中国新民主主义青年团中央副书记、中华全国青年联合总会主席、中央广播事业管理处处长。

1949年9月21日上午7点,中国人民政治协商会议第一期全体会议在中南海怀仁堂盛大举行。22日,周恩来作了题为《关于中国人民政治协商会议共同纲领草案的起草经过和特点》的报告。廖承志作为青年联合总会推荐的委员出席了这一政治协商会议。

1969年冬,周恩来几次拜访在北京医院的廖仲恺夫人何香凝老人。并任命廖承志为筹办纪念台湾人民"二二八武装起义"纪念会的主要负责人。在如何处理台湾这一中日两国建交以后的重大冲突点上,周恩来与田中首相交涉后得到了满意的结果。1972年4月至9月之间,周总理展开了一系列的事前沟通、分级谈判与准备工作。1972年4月13日,日本民社党委员长春日一幸率代表团访华,与中日友好协会发表共同声明,再次确认了中日邦交恢复三原则。日本外相大平正芳在《中日联合声明》签字仪式后的记者招待会上，宣布日本与台湾断绝外交关系。[23]

（5）法政大学简介

1880年创立的法政大学是最早的专门培养政法干部的综合大学。1904年至1908年设立清国留学生法政速成科，接收了清朝政府派遣的法律、行政、政治等领域的优秀人才约2117名。1905年在东京成立的中国同盟会的903名成员中，约860人是留学生或者旅日的华人，几乎所有的法政大学在校生都参加了同盟会。

法政速成科的特点是没有设置复杂的入学考试手续。只要有驻日公使的介绍信就可以入学。此外，其特点还有：直接接收清国北京进士馆品学兼优的"清国绅士"入学；由中国人担任授课的翻译；形成了教与学的良好循环等。法政大学与中国近代史以及辛亥革命的关系可以通过以下代表人物得知：董必武、沈均儒、陈叔通、廖仲恺、章士钊、程树德、胡汉民、宋教仁、汪精卫、杨度、汤化龙、丁惟汾、刀安仁等。

在中国发展的过程中，海外留学生，特别是留日学生，经历了跨越时空的精神体验与史无前例的实践，给后世留下了宝贵且多元的课题。

深入挖掘第一手原始资料，可以从以下五个方面揭示中共领导人的在日留学情况：①在日本就读学校的考证。②与日本友人的交流谱系。③在日本的实际学业情况。④在日本从事革命活动的过程。⑤回国后与日本的关系。通过上述考证，希望能够实现以下三个目标：①分析领导人在日留学期间的主要思想活动，挖掘其革命人生的起源。②解析中日近代文化教育交流的实际情况与意义。③指出中国现代化与日本的内在关系、中日现代化的差异。

今天的法政大学已经发展成为一所综合性的私立大学，是东京六大学之一。法政大学现有教授、副教授共 509 人、在校本科生 29000 余人、研究生约 1600 人。法政大学设有 15 个本科系、14 个研究生院研究科、20 个研究所（研究中心）。据 2010 年学校创立 130 周年时的统计，毕业生已达 42 万余人。

"清国留学生法政速成科"设立于 1904 年至 1908 年间，下设有法律部与政治部，专门接收清朝急需的法律、行政、政治领域的留学生，共计 2355 人。据《朝日新闻》1905 年 8 月 7 日的报道，当时日本接收清朝留学生的学校共有 35 所（小、中、大），其中法政大学处于第三位，在校留学生达 295 人。清国留学生法政速成科培养了促进中国近代化的若干杰出人才，其中的代表者有：1949 年建国早期的中国国家主席董必武、最高人民法院院长沈钧儒、《猛回头》、《警世钟》的作者陈天华等。他们是东亚新时代的创造者，也是留学文化的实践者、中日人文交流的参与者。我等需以他们为榜样，上下求索、自强不息。

参考文献

[1]〔日〕须田祯一：《风见章与那个时代》、美铃（みすず）书房、1965 年 10 月。
[2] 这次会见的谈话内容收录在 1978 年中国经济新闻社发行的日语版《周恩来选集　上》的《与日本六团体的谈话》第 721 页中。
[3] 谷川彻三是日本的哲学家、宫泽贤治研究者、文学博士。1928 年成为法政大学哲学系教授，其后成为文学部长、能乐研究所所长，1963 年至 1965 年任法政大学校长。
[4] 南原繁是日本的政治学学者，1921 年进入东京帝国大学担任副教授，1925 年任教授。主要教授政治学史，丸山真男是他的学生。
[5] 冈本隆三是作家，中国文学研究者。著有许多与中国相关的作品，翻译了老舍、沈从文、丁玲等人作品。
[6] 周恩来：《周恩来早期文集》，中央文献出版社、南开大学出版社，1998 年 2 月。
[7]〔日〕矢吹晋、铃木博：《十九岁的东京日记》，小学馆文库，1999 年 10 月。
[8] 范源廉：《范源廉集》，湖南教育出版社，2010 年 1 月。

[9] 天津南开中学、中央文献研究室第二编集部编著：《周恩来南开中学习作释评》，人民出版社出版，第342-349页。
[10] 欧阳哲生：《〈范源廉集〉前言》、《范源廉集》，湖南教育出版社，2010年1月版。
[11] 1904年3月，清国留学生范源廉与法政大学校长梅谦次郎会谈，恳请为清国学生设立速成科。梅校长在征得外相小村寿太郎的同意后又与清国驻日公使杨枢会见并获得他的支持。同年4月26日向文部省提出申请，4月30日获得批准，5月7日开设速成科。
[12] 〔日〕法政大学：《法学志林》7卷10号，第40-42页，1905年。
[13] 曹汝霖：《一生之回忆》，春秋杂志社，1966年，第25、26页。
[14] 严修撰、武安隆、刘玉敏共注：《严修东游日记》，天津人民出版社，1995年，第234页。
[15] 第4号缺刊，原因不明。
[16] 法政大学史资料委员会编：《法政大学史资料 第十一集》（法政大学清国留学生法政速成科特集），法政大学，1988年3月。本表"范源廉"这一名字中出现的"原"或者"濂"字均为原文。
[17] 严修自己校订：《严修年谱》，第227页。
[18] "进士馆"于1905年4月设立，三十五岁以下的新进士均需在该馆学习。清政府1906年下令停止科举考试后，导致"进士馆"学生不足与继续困难。
[19] 《学部奏咨辑要》一编。朱有瓛责任编集：《中国近代学制资料》（第二辑上册），第873-874页。
[20] 〔日〕法政大学：《法学志林》8卷11号，第101页，1906年。
[21] 梅谦次郎校长于1906年8月20日至10月17日访华，8月31日至9月10日在北京。但《法学志林》各号的相关报道未提及范源廉。关于范源廉在当时起到的作用，需要继续调查中国的资料。
[22] 〔日〕松本龟次郎：《中华五十日游记：附中华留学生教育小史、中华教育视察纪要》，东西书房，1931年，第87-88页。
[23] 上述文章中的事实，参考了《会刊——建党九十周年专辑——周恩来与中国共产党的建设和发展》第4期2011年7月，国际周恩来研究会创刊号。

附录1：回归国民交流的原点——重温周恩来的哲学

"加深两国国民间的信赖"

今年（2013年）的酷暑，中日、日韩间关于八·一五的历史认识成为了媒体关注的焦点，在迎来韩国的八·一五"光复节"

时,朴槿惠总统的上述发言引起了我的注意。

朴总统强调:"避免过激的谴责言辞,注意使用'独岛'、'慰安妇'等词汇"、"将日本的国民与政治家分别对待"。(《朝日新闻》8月16日)

看到朴总统的发言,我想起了周恩来(1898-1976)基于旅日经验的友好外交。周恩来十九岁时留学日本,虽然这段开始于1917年的留学经历不到一年半的时间,但周恩来留日一事在中国也广为人知。据说周恩来当时一边学习日语一边复习,准备考入东京高等师范学校、第一高等学校。其后,由于天津的母校开设了大学部,周恩来便回到祖国。因为留日期间以神田周边为学习与生活的据点,所以周恩来去了六次浅草,其他还去了日比谷公元与三越,参观了战前靖国神社举行的祭祀。在立志的青年时期亲身接触日本社会的习惯与风俗对于周恩来日本观的形成有着非常重大的意义。(周恩来《十九岁的东京日记》小学馆文库)

在日本生活了一年以后的那个夏天,周恩来在东海道线上与一位日本青年交换了名片并结下了深厚的友谊。周恩来是带着对日本的风土、文化与一般民众生活的理解来处理对日关系的。

1949年10月,中华人民共和国成立之际,周恩来任总理。至1976年1月逝去之前的27年间,周恩来一直担任总理。中国有着世界上最多的人口、复杂的国内外问题,面对这样的国情,周恩来做出了一系列决策并一一实行。从建国(1949年)到1975年间,周恩来共接见访华的日本政要、政党代表、团体负责人、民间人士等三百余团体、数千人。二十几年来,在周恩来与各国代表的会见中,次数与人数均属日本最多。

另一方面,对于日本战犯,周恩来则以改造战犯思想为主。因为周恩来认为:"应该让他们回到故乡,成为我们的朋友"、"复仇与制裁无法切断憎恶的连锁"。尽管当时很多因为战争蒙受了巨大灾难的中国人反对这一做法,但周恩来坚信"过了二十年、三十年大家就会明白的"。原来的战犯们因为感谢而再次拜访周恩来,他都亲切地接待了他们。"希望子子孙孙都能加深这不变的友谊",这是周恩来对未来的期待。

1972年9月,田中角荣首相访华,与周恩来总理签订了《日中联合声明》。中日邦交得以恢复。关于多年未曾解决的赔偿问题,中方在《声明》中放弃了。周恩来是这样向中国人民解释的:"日本的民众也与中国人民一样,都是日本军国主义的牺牲者",周恩来认为应该将政府与民众分开对待。

可以说外交是国家与国家之间的关系。把国家放在前面就会发生领土与资源等国家利益的纠纷。正是在把握住不得不产生利益冲突的外交的重要性的前提之上,周恩来才把国民与国家分离开来,倡导国民与国民之间的直接交流。为此,周恩来一直在为两国国民互相理解与信赖而努力。邦交恢复前的1962年签订的"中日综合贸易备忘录"(LT贸易)就是如此。1971年4月的乒乓外交(中方招待了为竞争世界选手权而访问日本的美国队,传达了改善中美关系的信号)也是如此。仔细考虑就可以发现,这是因为体育、文化、生活的交流具有超越国家利益的特点。

从这些案例当中可以看出国民交流的原点在哪里。如果只看到利益与对立就变得急躁,将激化国与国之间的关系过于紧张。希望现在的人们能够重温周恩来当年构筑中日良好关系的史实,重新展开文化、生活层面所积累的国民间相互信赖的交流。对立与摩擦就交给政治家、外交家吧。

如果周恩来看到了现在的中日关系,想必一定会感叹。现在的中日关系是国民层面都蔓延着讨厌对方的情绪,我扪心自问,也许这不是最好的答案,希望我们现在确实应该回归到周恩来当时的轨道之中。

初出：时事通信社《外交 Vol.21》

附录 2：周恩来与法国

1917 年 9 月 -1919 年 4 月，周恩来从日本留学回国后，进入天津的南开大学学习。1920 年 11 月 7 日，周恩来作为由华法教育会主办的第十五次"勤工俭学"的留学生，从上海坐船前往法国。此后，周恩来以法国为中心在欧洲游学，1924 年 7 月回国。在法国，除了巴黎，周恩来还曾四次旅居里昂。关于前两次里昂之旅，可以从周恩来的相关记事中窥见一二。

1921 年至 1922 年间的长篇连载记事都刊载在《天津益世报》上，里昂市立图书馆的馆藏资料《周恩来旅欧通信》，人民日报出版社，1979 年 CH 9834。

第三次里昂之行是在 1923 年 6 月 23 日，为了参加与国民党合作的相关会议。

第四次里昂之行是在同年的 11 月 25 日，为了出席国民党欧州支部大会。

关于以上内容可以参看里昂市立图书馆藏的 Nora Wang, Émigration et Politique : les étudiants-ouvriers chinois en France, 1919-1925, Paris, Les Indessavantes, 2002. CH 20399。

2015 年 1 月 13 日，笔者参观了法国里昂市的中法学院。在里昂期间周恩来住在该大学的宿舍。上述 1921 年至 1922 年 5 月 1 日发表的新闻记事中，有关于里昂中法学院的介绍。据该学院的林建生秘书长称，2014 年 3 月 26 日上午，中国国家主席习近平访问里昂时，专程到访中法学院。

约一百年前，留学法国的有志青年辈出，他们是：周恩来、邓小平、陈毅等革命家；徐悲鸿、巴金、蔡元培等文化人。这中

里昂市立图书馆所藏杂志《赤光》。据说周恩来参与了创刊。

1924 年发行的中法大学《半月刊》（法兰西学院汉学研究所图书馆所藏）

里昂市立图书馆所藏杂志《少年》。据说周恩来参与了创刊。

2015 年 1 月 13 日 在中法学院的校门前 该校的林建生秘书长与作者

间包含着习主席对为新中国奠基的各位前辈的敬意，与对今后中法交流的美好祝愿。

附录 3 前人铺设的祈愿和平的轨道

在 2013 年 8 月的酷暑，我来到了印度尼西亚爪哇岛西部的一个小城——万隆。万隆作为 1955 年 4 月召开的反对殖民主义、推进亚非各国民族独立的万隆会议的主办地为人所知。中国总理周恩来率领代表团参会。会议一致通过了《关于促进世界和平与合作的宣言》（※1），也就是说，构筑国际关系的十项原则被采纳。该宣言提倡亚非各国为本地区与世界和平友好合作。在我心中，万隆精神这一崇高的精神与父母教给我的自强不息的精神（※2）相通，给幼小的我留下了深刻的印象。从那以后，我一直想着什么时候能到万隆看一看。

（※1）也称"万隆十原则

（1）尊重基本人权，尊重联合国宪章的宗旨和原则；

（2）尊重一切国家的主权和领土完整；

（3）承认一切种族的平等，承认一切大小国家的平等；

（4）不干预或干涉他国内政；

（5）尊重每一国家按照联合国宪章单独地或集体地进行自卫的权利；

（6）不使用集体防御的安排来为任何一个大国的特殊利益服务，任何国家不对其他国家施加压力；（7）不以侵略行为或侵略威胁或使用武力来侵犯任何国家的领土完整或政治独立；

（8）按照联合国宪章，通过如谈判、调停、仲裁或司法解决等和平方法以及有关方面自己选择的任何其他和平方法来解决一切国际争端；

（9）促进相互的利益和合作；

（10）尊重正义和国际义务。

（※2）引自《易经》乾卦

2013年8月22日，我为了参加伊斯兰教理事会（MUI）与印尼儒教最高会议（MATAKIN）联合举办的"伊斯兰教与儒教峰会"，到印度尼西亚出差。从首都雅加达乘坐了两个小时列车后来到了万隆市。目的地·亚非会议博物馆是1980年为纪念亚非会议召开25周年而建的，该馆利用当时的会场展示了万隆会议的相关照片与文字资料。最为贵重的是当年出席万隆会议的各国代表团团长的实况录音。其中，周恩来总理的"我们应该承认，在亚非国家中存在有不同的思想意识和社会制度，但并不妨碍我们求同和团结"这一发言也能够清晰地听到。

23日，回到雅加达的我，有幸目睹了周总理的讲话跨越时空的瞬间。在"伊斯兰教与儒教峰会"的欢迎会上，印尼宗教大臣代表、印尼外交部新闻局长AM Fachir、印尼伊斯兰教理事会（MUI）代表、穆斯林联合总会主席、印尼儒教（MATAKIN）总主席、印尼宗教文化交流协会主席，以及马来西亚、新加坡、台湾、中国大陆、日本、秘鲁等国家和地区的代表的发言都让我感到万隆精神至今仍在熠熠生辉。

会议的主题为"伊斯兰教与儒教对构筑和平新文明的贡献"，围绕以下四大议题展开了讨论：

（1）沿着丝绸之路与相关线索追寻儒家文化与伊斯兰文化的关联；

（2）在印尼宗教信徒和谐发展中宗教的交汇点；

（3）伊斯兰与儒家文明为亚非、世界和平做出的贡献；

（4）制定为益于世界和平发展的《雅加达宣言》，为促进信仰与宗教的稳定关系提供新思考。

24日上午，开幕式上印尼副总统布迪约诺的讲话令人难忘。

他说到:"破坏社会安全的冲突事件都起源于政治与经济利益,却喊着维护宗教利益的口号。没有一个宗教认可暴力行为。从信徒的人口比例来看,伊斯兰教徒和儒教信徒携手并进的意义非常重大,我们的合作将为人类文明、社会和谐以及世界和平增添新的色彩。"

同一天晚上,会议发表了讴歌世界和平的《雅加达宣言》,印尼负责宗教问题的纳沙鲁丁乌玛副部长宣布大会成功闭幕。这一和平宣言的内容获得了参加会议的香港孔教学院院长汤恩佳博士、世界儒学研究协会主席丹斯里李金友、以及其他来自世界各地的约两百余名研究人员、教育工作者和宗教家的一致拥戴。

会后,笔者参观了雅加达的华人学校与幼儿园,还参观了反映当地华人历史与生活的文化馆。在那里我第一次知道,原来每个人种与每个年龄段的普通居民都知道周恩来的名字。他们希望与中日两国携手,共同守护亚洲与世界和平。

我们都行走在前人铺设的祈愿和平的轨道之上。

出处:网站"nippon.com"

(2013年10月4日。)

第五章
辛亥革命和中国的日本留学
——记法政大学清国留学生法政速成科

本章有幸站在巨人肩上记叙。

这些巨人们是曾经留学于笔者供职的日本法政大学的2000多名辛亥先贤。其代表者有1994年建国初期的中国国家副主席董必武、最高人民法院院长沈钧儒、陈叔通、廖仲恺、章士钊、程树德、胡汉民、宋教仁、汪精卫、杨度、汤化龙、丁惟汾、刀安仁等等。藉此纪念辛亥革命百年之际，笔者反复查阅了志士们曾经开展活动的日本方面相关资料，以辛亥志士与法政大学的相互关系为切入点，围绕辛亥革命这一主体而展开的同时代不同区域的参与背景进行了粗略的考查，特拟本文。

一、日本法政大学清国留学生法政速成科的开创背景

日本法政大学是日本最早创立的私立法律学校，随着时代的转换，其校名也发生了相应的变化。

1880年　东京法学社

1881年　改称东京法学校

1889年　与东京法（法国）学校合并，改称和法（法国）法律学校

1903年　改称和法法律学校法政大学

1920年　改称法政大学至今

在和法法律学校时代,即明治维新后的改革期发挥了重要作用的法国人波阿索那曾经长期在该校任教并发挥了重要作用。1903年8月,根据当时的专科学校规定,学校改名为法政大学后逐渐发展成为一所综合性的私立大学,并在1904年至1908年开设了清国留学生法政速成科(以下简称"法政速成科"),专门接收清朝留学生,努力培养法律、行政、政治领域的人才。其间留学生分五期开班,共计2117名学生进入法政大学速成科学习,986名学生毕业。

五期学生的入学及毕业人数

第一班　1904年5月94名入学　1905年6月67名毕业

第二班　1904年10月273名入学　1906年6月230名毕业

第三班　1905年5月518名入学　1906年11月66名毕业

第四班　1905年11月388名入学　1907年5月238名毕业

第五班　1906年9月844名入学　1908年4月385名毕业

当时讲授的科目有法学概论、民法、商法、国法学、行政法、刑法、国际公法、国际私法、裁判所构成法、民刑诉讼法、经济学、财政学、监狱学。授课配有中国人做中文翻译。

速成法政教育出现的直接诱因系晚清末年清政府施行宪政,确定了效法日本的方针,需要大批宪政专门人才。为这一内外形势所迫,在明治37年即1904年3月,清国留学生代表范源濂[1]与日本法政大学校长梅谦次郎会谈,提出在法政大学开办与法律政治学相关的速成班的要求。梅校长就此事专门与时任外相的小村寿太郎[2]进行了反复探讨。外相对此也寄予厚望,于是介绍梅校长与时任清国驻日公使的杨枢[3]会面磋商。杨公使对此大加赞同,便直接与国内各省总督巡抚沟通,同时上奏光绪皇帝并获准,最终决定在法政大学为清国留学生开设法律政治学速成班,并于同年5月7日开班。

据《朝日新闻》1905年8月7日报道，当时接收清朝留学生的日本学校共有35所（包含小学、初中、高中、大学），其中法政大学排名第三位，在校留学生人数为295人。而同年在东京成立的同盟会会员963人中约860人为留学生或当时身居日本的华人，法政大学的中国在校生几乎全部加入。

开办清国留学生法政速成科的大背景主要源于清政府的需求。20世纪初，为摆脱自身的困境，清政府汲取日本由弱转强的经验，

图1　法政大学清国留学生法政速成科使用教材的中文版

认为立法是开拓可持续发展通路的方策，所以于1906年启动立法前期准备工作，继1896年向日本派遣第一批留学生13名后，从1906年起大量增派，以期为促进清朝的改革而储备人才。

与此同时，清政府还在1905年废除了持续千年之久的精英教育体系——科举考试制度，加力推行取而代之的以学校教育为基础的西式近代教育。然而，改革初期由于出现了人才奇缺以致凸显出不平衡状态，有识之士便将求知进取的希望寄托于日本。日本自然也就成为中国新型教育体系尚未健全时转型期教育政策的蓝本。于是，晚清末年留学日本成为了当时的一种社会风潮，据统计1905年在日本留学的中国学生达一万人之多。

显然，速成法政教育的出现与作用同晚清末年清政府施行宪政有很大的关系，再加上日本有意开发接收留学生的事业，促成了速成科的开设。

图 2　1906 年第四期清国留学生集体纪念照片

二、法政速成科的特点

其一是不设复杂的考试程序，仅凭驻日公使的介绍信即可入学。这种灵活的选拔方式在当时的背景下比较现实。该方式的实施不拘格局，不受两国间程序的制约，可以使留学效果更佳。

其二是学员无需为语言学习而劳心费神。日本教师授课时配备翻译人员，讲义也为中文译文版。这种以求学者所需为教授目的的教育方式深受欢迎，当年的部分中译版讲义至今仍作为珍贵的资料保存在南京图书馆。据日本方面的资料记载，由于当时以商业盈利为目的的速成科泛滥，速成教育机构的质量问题引人注目，在这种情况下，舆论普遍认为法政大学速成科的教育水平很高。

其三是配合中国教育改革的进展，直接从北京进士馆接收品学兼优的"清国进士"入学，形成教授与学习的良性循环。据刊于 1906 年 10 月发行的法政大学学刊《法政志林》第 8 卷 11 号的《法政速成科与北京进士馆》一文记载，仅 1906 年一年法政大学便接收了 95 名进士。梅谦次郎校长还基于清朝直隶省的要求，在 1907—1908 年之间开设了三期法政速成班编制外的地方自治班（一期两个月），接纳了直隶省直接派遣的 252 名进士。

众所周知，进士馆建于 1904 年 5 月 26 日，以为 35 岁以下的进士提供研修机会为主要目的，进士馆开设了日语预备课程和使用日语授课的政法专业。这些课程旨在培养"造就法政通才"的官僚。然而，由于 1950 年 6 月科举制的废止，1906 年 6 月 8 日清政府决定将所有甲辰科进士，均送入日本东京法政大学速成科进修。学满毕业回到中国后统一进行考试，根据成绩给予奖励。因此很多进士都具有赴日留学经历。

1993 年贺跃夫发表在《近代史研究》第 1 期第 45 页的《清末士大夫留学日本热透视－论法政大学中国留学生速成科》中介绍，法政速成科中有 185 人留日前便获得清国高等学历，学历类别及人数如表 1。

表 1　法政速成科清国留学生的主要学生与人数

进士	举人	贡生	生员	学堂出身	不详	合计
115	21	9	9	28	28	210

其中一些学生的人品及学识深得日方好评。如 1904 年入学的状元夏同和，在 1905 年作为首届 69 名毕业生中的一员学成归国。法政大学校长梅谦次郎在毕业典礼致辞中，特意提及他出类拔萃，其试卷答案作为模范答案曾被《法律新闻》所登载，毕业论文《清国财政论策》，1905 年发表在《法律新闻》第 292 期。夏同和归国后任广东法政学堂教头及政府官员，为实现法律和政治教育理念的普及做出了极大贡献。而法政大学创办的杂志《东洋》在 1907 年第 2 期还专门登出了清国留学生的照片特集，称

其为清国留学生的青年才俊。在科举中取得榜眼成绩的朱汝珍回国后曾任国史馆编修、实录馆纂修，民国时期在中央刻经院编辑发行了《词林辑略》。探花商衍鎏1950年代曾任中央文史研究馆副馆长，1956年以83岁之高龄创作了《清代科举考试述录》，于1958年由三联书店出版。"榜眼"是指在由皇帝担任主考官的科举考试科目——殿试中获得第二名的优异成绩的赞称。第一名为"状元"。包括第三名的"探花"，所有通过者被称为"进士"。此外，商衍鎏还于1961年通过中央书局出版了《太平天国科举考试纪略》。进士贾景德所著的《秀才·举人·进士》于1946年在香港出版。

其四是支持留学生的各项活动。1909年，法政大学校长梅谦次郎主持创建了留日法政大学校友会，其活动至今仍在继续。1941年汪精卫曾担任会长。法政校友会的活动除了延续由始以来的模式还参与了奥运会的开幕式。

2011年8月，笔者调查了云南省档案馆所存的法政校友会的人名录。类似记载在各地都可挖掘下去。

三、法政速成科的教学内容与辛亥革命的关系

关于法政速成科的教学内容与辛亥革命的关系，可通过下述事例加以阐明。

1、法制速成科第二班的汪兆铭（汪精卫）与宋教仁、胡汉民于1905年被推选为同盟会领袖孙中山的助理，他们还曾担任同盟会会刊《民报》的主笔，从理论上支持孙中山的革命主张。根据李晓东在法政大学提出的博士学位论文《近代中国的日本留学与日本的教育家——以关于"速成教育"的论争为中心》的分析，汪兆铭和胡汉民的观点中反映出了法政速成科教师美浓部达吉（宪法教师）、小野塚喜平次（政治学教师）和见克彦（宪法

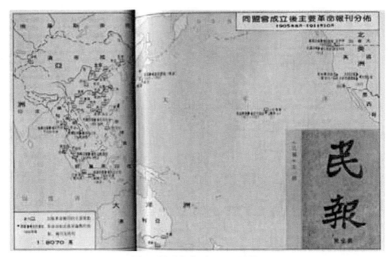

图 3　同盟会会刊——《民报》

教师）的讲义内容的影响。换言之，法政速成科的教学与辛亥革命的发展有实质性关联。

2、在法政速成科，与近代地方自治相关的课程是留日学生的必修课，其内容与清朝实施的地方自治政策相整合。因此学成归国的留学生得以最大限度地学以致用。如毕业生杨度等在湖南省作为全国的先驱，创办了的相当于地方议会的咨议局，法政毕业生中至少有 54 人为该局成员。具体参考表 2・表 3。

表2　法政大学OB参议院议员

	姓名	经历
1	王立廷	咨议局议员
2	童杭时	共和法政学校校长
3	陈祖烈	福建法政学校校长
4	杨家骧	
5	居正	南京临时政府内务部次长（同盟会员）
6	李汉丞	湖南法政学校教员（同盟会员）
7	周震鳞	
8	盛时	湖南司法司长
9	丁世峄	咨议局议员，宪草委员
10	尹宏庆	武定府知府，山东易县知事
11	徐镜心	临时省议会议员（同盟会员）
12	李磐	咨议局议员
13	刘积学	临时参议员
14	潘江	咨议局议员
15	卢天游	都督府法制局长，宪草委员
16	姚华	邮传部主事，临时参议员
合计		16人
日本留学经验参议员议员总人数		76人
比例		21.05%

表3　法政大学OB众议院议员

	姓名	经历
1	谷芝瑞	咨议局副局长
2	刘兴甲	咨议局议员，临时省议员
3	王茂材	江北都督府民政司总务科长
4	孟森	咨议局议员，宪草委员
5	茅祖权	

6	孙润宇	法政学堂教习,律师公会长,宪草委员
7	陶保晋	咨议局议员,金陵法政专门学校校长,律师
8	江谦	南京师范学校校长,江苏外交司长
9	张塿	
10	汪彭年	上海神州日报主笔,宪草委员
11	何雯	湖南调查局法制科长,神州日报总编辑,宪草委员
12	王烈	参谋部军事秘书
13	田稔	江西行政公署秘书
14	朱文劭	广西都康州高等检察厅检察长广西提法使
15	陈叔通	咨议局议员,资政院议员
16	虞廷恺	浙江都督府财政司秘书,总统府政治咨议
17	朱腾芬	福建公立法政学校校长
18	汤化龙	民政部主事,湖北咨议局议长,临时参议院副议长,众院议长
19	廖宗北	法政大学专门部法政科
20	禹瀛	湖北总督府秘书
21	陈嘉会	湖南法政学校创设,南京临时政府陆军军法局长,南京留守处秘书长
22	黄赞元	四川宪政筹备处主任,四川湖南各省法政学校教授,宪草委员
23	罗永绍	湖南旅留预备科创立
24	周廷弼	视学员长,临时省议员
25	周树标	咨议局议员,绥远检察厅长
26	周庆恩	山东法政学堂教习,省议会议长
27	彭占元	咨议局议员,资政院议员,临时参议员(同盟会员)
28	杜潜	(同盟会员)
29	陈景南	报馆主笔,宪草委员
30	彭运斌	法部主事,咨议局议员,资政院议员,临时省议员,潼济铁路协理
31	梁善济	山西咨议局议长,教育次长
32	刘志詹	自治研究所教务长,宪政研究会教员,咨议局议员,资政院议员
33	白常洁	

34	张树森	统一共和党，超然社创设
35	张治祥	四川军政府外交司长，共和大学长（同盟会员）
36	张知竞	四川法政学堂教习，蜀军政府司法部长
37	黄璋	宪草委员
38	熊兆渭	四川法政学堂教习，自治研究所长（同盟会员）
39	蒲殿俊	咨议局议长
40	潇湘	咨议局副议长
41	徐傅霖	临时参议员，广东省议员
42	叶夏声	民报撰述，广东公立法政专门学校校长，广东都督府司法部长（同盟会员）
43	蒙经	咨议局议员
44	夏同和	政事堂法制局
45	陈廷策	内阁中书，河南法政学堂教务长，临时参议员，贵州民政厅长
46	陈国祥	河南法政学堂监督，临时参议员，众议院副议长
47	李景和	内阁中书，宪政编查馆，总统府咨议
48	汪荣宝	京师译学馆教习，修订法律纂修资政院钦选议员，宪草委员
49	方贞	工部主事，礼部主事，咨议局议长，官立法政大学校长
50	恩华	资政院钦选议员，约法会议议员，国务院统计局参事
合计		50人
日本留学OB众议院议员总人数		194人
比例		25.78%

3、天津的吴兴等以日本的《都道府县制度》为参考，起草了中国第一部地方自治草案《天津县试办地方自治章程》，并于1907年2月获准实施。其背景是，当时袁世凯命令试行地方自治，天津率先设立了地方自治局及地方自治研究所，为各地的改革树立了典范。而分布在全国各地的毕业生们也都先后在当地创办了法政学堂及自治研究所，为传授政治和法律方面的专业知识，培养人才作出了极大贡献。

表 4

名称	年代	教习	备注
安徽法政学堂	1906		监督—张仲炘、总办—冯煦・沈曾植・毓秀
新疆迪化法政学堂	1907	林出贤次郎	
两江法政学堂	1908		
吉林法政学堂	1908	木村就二	总办—钱宗昌、教习—*谢介石
热河速成法政学堂	1908		总办—谢希诠
广西法政学堂	1908		1906 年开设的法政讲习所的改称
河南法政学堂	1908		监督—*陈国祥、教习—*张协陆
甘肃法政学堂	1909		
贵州法政学堂	1909		
法政学堂	1905	冈田朝太郎、志田钾太郎、松冈义正、岩井尊文、小河滋次郎、中村襄	属修订法律馆管辖 1907 年直属法部、改称京师法律学堂、培养司法官
京师法政学堂	1907	严谷孙藏、杉荣三郎、矢野仁一、小林吉人、井上翠、松本龟次郎、石桥哲尔、原冈武、高桥健三	进士馆的改称、培养行政官 教习：*章宗祥、*曹汝霖、*林棨、范源濂、*张孝栘、*陆宗舆、*钱承鋕、*江庸、*黄德章、*夏循恺、孙培、曾仪真、顾德麟、*李景坼、*陆世芬、吴鼎昌、*程树德
直隶法律学堂	1904	甲斐一之	后改称幕僚学堂
直隶法政学堂	1905	中津三省、矢板宽、太田一平、剑持百喜、中岛比多吉	
北洋法政学堂	1908	吉野作造、今井嘉治、小鹿青云、浅井周治、中村仲、大石定吉、名和刚、石桥哲尔、樋口龙绿	教习—*籍忠寅・*刘同彬、毕业生—李大钊、张润之、王文璞

山东法政学堂	1906	松野祐裔、八田光二	监督—方燕年
山西法政大学	1907	横山治一郎	总理—*刘绵训、总务长—吴人达、教习—*郭象升
江苏法政学堂	1906	土井常太郎	
奉天法政学堂	1906		监督—钱能训、教习—*王葆真、*黄成霖
江西法政学堂	1906	日下清癨	
浙江法政学堂	1905	大石定吉	教习—*金泯澜··许壬··郑垂
湖北法政学堂	1908	作田正一、箓崎正	总督—邵章
广东法政学堂	1905	松山丰造、藤田积造、大胁菊次郎、关山富	监督—*夏同和··朱执信、教习—*杜贡石··金章··古应芬··李君佩
云南法政学堂	1906	岛田俊雄、加古贞太郎	毕业生—王桢
贵州法政学堂	1906		提调—刘大琼、堂长—*欧阳葆真、学监—李培元
湖南法政速成学堂	1908		
四川法政学堂	1906		监督—周善德··张孝移··邵崇恩、教习—徐焕·施台愚··张知竞·*黄毓兰··覃育贤
江宁法政学堂	1906		监督—于德懋、教习—张康仁
			*日本留学生

4、京都大学山室信一教授在其 2001 年由岩波书店出版的代表作《作为思想课题的亚洲》中发表了一项统计。1913 年，分布在中国各地的省级地方议会议员中，有 97 人为留日归国人员，其中 48 名是法政速成科培养的人才。

表 2 和表 4 都是基于登载在日本《政府公报》第 459 号（1913 年 8 月 15 日），并参考张玉法的《民国初年的政党》（中央研究院近代史研究所，1985 年）和山室信一的《作为思想课题的亚洲——基轴、连锁、投企》（岩波书店，2001 年）整理而成。

此外，清国法政教育机构也曾邀请日本教习授课。作为参考，部分人员如下。

中华民国成立后，法政学堂为了进行组织架构改革，发生了以下变化。冈田朝太郎任北京政法专业学校教习，吉泽三郎任南京民国法政大学教习，松野佑裔任山东公立法政专业学校教习，松山丰造任广东法政学堂教习。

5、1949 年新中国成立以后，沈钧儒（1875－1963）当选为中国人民政治协商会议第一届中央委员和中央人民政府委员，出任最高法院院长（相当于日本最高裁判所裁判长）。为建国初期确立法律体制和巩固人民民主专政基础，作出了重要贡献。后来沈钧儒还曾任中国人民政治协商会议副主席，全国人民代表大会常务委员会委员长，著有《制宪必携》《宪法要览》《普及政法教育》等专著。汪有龄曾出任后来与北京政法学院法学院合并的、始建于 1912 年的中国第一所私立法律大学朝阳大学的首任校长，江庸接任第二任校长，居正出任理事长，张知本和黄群出任理事。该学校后来与北京政法学院法学院合并。

6、建国后担任国民党监察院监察委员、国民党评论员，参加了同盟会并从事会议章程策划的居正（1876-1952）投身起义的前线，帮助 1905 年旅日留学的同窗刀安仁的故事，至今仍在云南保山、腾冲、瑞丽等地广泛流传。以下为根据2011年在云南调查的相关资料再次整理所得。

刀安仁（1872-1913），傣族。云南腾越干崖宣抚使刀盈庭之子。1891年继承为第24代土司。青年时期曾常为各民族人民的勇者的统帅。1904年春，刀安仁经缅甸到达日本，率领十余名傣族青年男女于1905年春进入法政大学学习。出国途中他曾用傣文咏作长篇叙事诗《游历记》。1906年5月31日，刀安仁和其弟刀安文作为最早的少数民族成员，加入同盟会。1908年春，刀安仁和日本东亚公司就共同开发干崖达成一致，将留学生和日本专家一同带回干崖，迈上了成为实业家的道路。然而，由于日本和清政府的关系恶化，为了表示抗议，废除了与东亚公司的合约。虽然刀安仁曾再次赴日交涉，但计划毋庸置疑已经破产。

刀安仁加入同盟会后，变卖家产将钱汇到东京支持革命。孙文决定将干崖作为前线的据点，指派法政清国速成科历届学生包括居正在内十余人建立组织。1911年9月6日，腾越的起义获得成功，刀安仁首次称为云南省的傣族都督。

刀安仁的一生为了土司政治的改革和女性解放运动殚精竭虑。他改革傣剧，组建专门团队，将《三国演义》、《西游记》、《水浒传》、《包公》、《杨门女将》等翻译成傣文。此外还从马来西亚引进8000株橡胶树树苗，移栽在干崖凤凰山，作为中国橡胶产业的鼻祖。一举打破了《大英百科全书》中关于"北纬21度以北地区不能栽培橡胶"的定论，并颠覆了中国研究者"中国不可能栽培橡胶"的结论。1914年春，刀安仁于北京病逝。改革中国，使中国走向富强之路是联结他们那个时代的人们的纽带，对他们来说是核心的目标和最高的价值，也是他们人生的终点站。

表5 法政大学清国留学生法政速成科名单（摘要）

顺序	姓名	出身	法政大学毕业时期	最高职务	辛亥革命时的职务
1	陈天华 1875～1905	湖南			
2	邓家彦 1883～1966	广西		国民政府委员	《中国民报》创立者
3	杜之林	广东	1906年第二班		
4	范治焕	湖南	1906年第二班	政闻社书记科员	
5	古应芬 1873～1931	广东	1906年第二班	财政部部长	广东都督府核计院院长
6	何天翰	广东	1906年第三班		
7	胡汉民 1879～1936	广东		南京临时政府秘书长	广东都督
8	金章	广东	1906年第二班	广东省国民代表	南京参议院议员
9	匡一 1876～1920	湖北	1907年第四班	直隶省检察厅长	直隶省检察厅厅长
10	李国定				
11	骆继汉	湖北	未毕业		
12	蒙经	广西	1907年第四班		
13	饶汉祥 1883～1927	湖北	1907年第四班	总统府秘书长	湖北都督府内务长
14	沈钧儒 1875～1963	江苏	1907年第四班	最高人民法院院长	浙江省教育局局长
15	汪兆铭 1883～1944	广东	1906年第三班	中华民国国民政府主席	入狱
16	王家驹 1878～1912	江苏	1905年第一班	北京法政专门学校校长	山东军总参谋
17	吴琨	云南	1906年第二班毕业后补习班毕业		

18	姚豊修 ～1937	广东	1905年第二期修业生		
19	张澍棠	广东	1906年第二班优等生		
20	张树相 ?	广东	1906年第二班		
21	张知本 1881～1976	湖北	1905年第一班	国民政府行政法院院长	同盟会支部评论长
22	张知竞	四川	1907年第四班		
23	张治祥 1883～1919	四川	1907年第四班	众议院议员	共和大学校长
24	周代本	四川	1907年第四班		
25	朱大符	广东	1906年第二班		
26	颜楷 1877～1927	四川	1908年第五班政治部毕业	宪政北京支部评议员	四川保路同志会干事长
27	杨度 1874～1931	湖南	1904年第一班	参议院参政	袁世凯内阁学部大臣
28	刘春霖 1872～1942	河北		北洋政府大总统秘书	直隶省咨议局议员
29	廖仲恺 1877～1925	广东		孙文大总统府秘书长	孙文大总统府财政部长
30	董必武 1886～1975	湖北	1913年～1915年在校	中华人民共和国副主席	加入同盟会
31	曹汝霖 1877～1966	上海		交通总长	清国外务部副大臣

表5为法政大学清国留学生法政速成科名单摘要。
注：表5综合参考以下资料制作
① http://www.baidu.com/
② http://zh.wikipedia.org/zh-cn/Wikipedia
③ http://ja.wiki-pedia.org/wiki/
④《终身学习和职业设计》,《2006年度法政大学终身学习和职业设计纪要》,（法政大学出版 2006)
⑤《法政大学资料集　第十一集》(法政大学出版，昭和63年)

四、"留学生取缔规则"事件与法政速成科的终止

1905年末,日本爆发了反对日本文部省颁布的"留学生取缔规则(《关于清国人入公私立学校的有关规程》)"的大规模抗议运动。该规定最初是应清政府为限制日本国内中国留学生个人生活和革命活动的要求而颁布的。颁布以后,在各大学遭到留学生的一致反对,组织罢课以要求文部省撤回规定。1905年12月8日,以主编《猛回头》、《警世钟》、《狮之吼》等闻名于世的同盟会重要成员、法政大学第二期学员(1940年入学)陈天华(1875-1905),更是为了反对这一规则,为了呼吁同胞"共讲爱国",愤然写下"绝命书"后,在东京的大森海岸蹈海自杀。作为同盟会秘书,与同盟会会章的起草密切相关的陈天华,去世时年仅30岁,其遗稿《陈天华集》已被刊发。

事件发生以后,由于日本国内外对留学生速成教育议论纷纷,加上晚清政府为防止留学生从事革命活动而加强了对留学生的监视和限制,1906年,梅津次郎在征求清政府的意见后,停止了继续招收速成留学生的教育。其主要背景如下:

1、1903年张之洞奉诏拟定《奖励游学毕业生章程》十条,被视为奖励归国留学生的重要证据。1904年12月学务大臣奏定《考验出洋毕业生章程》8条。根据这项章程,清廷学务处于1905年举办了第一次留学毕业生考试,并于同年7月3日于保和殿举行殿试。此次考试合格者只有14人,全部为日本留学生。根据考试结果,分别授金邦平、唐宝锷、曹汝霖、陆宗舆等14人为进士、举人出身和相应官职。1906年5月15日,奏准于8月实施留学西洋和日本毕业生考试,并于同年10月12日奏定《考验游学毕业生章程》5条,1906年10月13日于学部举办第二次留学生毕业考试,合格者共32人,其中最优等者9人、优等者5人、中等者18人,分别授予进士、举人出身。从国别来看,考列最

优等者均为留学欧美的留学生。列优等者的 5 人中，欧美留学生占 3 人，日本留学生占 2 人。列中等者留日学生占 13 人，可见留学生的精华几乎全部集中在欧美。由清政府所举办的留学生考试固然有其抑制留学生的政治活动，使其专心所学的一面，但也反映出速成教育存在着诸多弊端。

2、晚清政府也认识到了赴日留学存在的弊端，1906 年 2 月 19 日，学部传告各省的《选送留日学生限制办法》中规定学习速成科的留学生，需满足通过科举考试或具有法律、政治实际工作经验或作为师范的条件，必需精通汉学，语文优秀，且年龄在 25 岁以上，并于学界、政界有充分的经验，方为合格。（但是这仅仅是对于公费留日学生的规定。）1906 年 6 月 18 日，学部传告各省，停止派遣赴日速成科学生。自此以后，留学日本速成科的学生数量逐渐减少，所学内容也逐渐开始走向正规。

3、在前往日本留学和学习速成教育的热潮中，留学生问题已经招致国内外、清政府执政者们的注意。1906 年 1 月 10 日，驻日公使杨枢对于留日学生的素质，在其报告中指出"在日本的留学生多达八千余人，挟利禄功名之见而来的，其学习成果与实际使用有很大问题，取一知半解之学而去的，很难保证其文化水平。"

第二次留学考试成绩发表之后，留日学生的水平低下，不仅在国内引发质疑，亦为日本方面所批评，日本《太阳》月刊社评论说"今年的进士考试，日本留学生成绩极劣，一个合格的人都没有。这一事实，难道不严重关系到日本教育留学生的体面吗？（其成绩不佳的原因与学生不勤勉于学问，不具备基本素养有关。但也是由于学习速成教育的宗旨等所导致的。）对于日本教育界而言，教育清国留学生，难道不应该更进一步讲究方法吗？然而都下（东京）数十所专以留学生为对象的教育机构，均极尽迎合学生的欢心,很少有满足其在学问上的好奇心。对此难道不应该严格管理并取缔吗?日本以东洋先进教育者自称,如果视若无睹,又怎么配称为教育者呢?文部的当局者,对于这种信誉的问题,又该怎样负责呢?"

4、鉴于法政速成教育在资金方面也确实存在问题的事实,1906年,法政大学校长梅谦次郎亲自造访清政府。在与张之洞、袁世凯等清政府高官会面,交换意见之后,他采纳了袁世凯的提议。停止第五班以后的招生,并决定取消法政速成科,而改设三年制的普通学科。1907年清政府指派的留学生转入与日本人同窗学习的专业课程,并指定了以法政大学为首的19所接收学校。配合清政府的转型步骤,1908年法政速成科改编为三年学制的普通专科。

法政大学的速成教育取得了健康发展,但是另一方面,速成教育的本质普遍存在着问题,这也是事实。从1906年8月27日到10月20日法政大学校长梅谦次郎乘坐刚刚竣工的京汉铁路,访问了长沙、汉口、广州、上海和北京等地,并与京汉铁路(1988年-1906年竣工)的总设计师张之洞进行了会面。

梅谦次郎,在与张之洞与袁世凯等清政府高员会议期间,听取了清政府方面的意见,采纳了袁世凯的提议。停止第五班以后的招生,并决定取消法政速成科,而改设三年制的普通学科。1907年清政府指派的留学生转入与日本人同窗学习的专业课程,并指定了以法政大学为首的19所接收学校。配合清政府的转型步骤,1908年法政速成科改编为三年学制的普通专科。

19所接收留学生的学校如下:早稻田大学、明治大学、法政大学、中央大学、东洋大学、宏文学院、经纬学堂、东斌学堂、成城学校、同文书院、东京实科学校、大成学堂、东亚公学、大阪高等预备学校、警监学校、东京警务学堂、东京铁道学堂、东亚铁道学堂、实践女学校。

晚清特殊的时代背景造成了特殊的留学现象，赴日留学的学习法律的留学生也难免受到当时特殊的留学环境的影响。因此，可以说赴日学习法律的留学生的构成和其活动内容以及归国后对中国法制近代化的作用和影响，都反映出了当时特殊时代背景的色彩。毋庸置疑，在法政大学学习的留学生中涌现出了一批杰出的政治家和法律专家。在清末宪政运动和北洋政府以及之后的政治、法律领域都能看到他们活跃的身影。一定意义上讲，法政大学的留学生为奠定上世纪中国法制的近代化的基础作出了巨大贡献。

表6　日本以接收清国留学生为主的速成科（部分）

学校名·年代	教科·内容	校长名	主要经历·介绍	校舍
东京大同学校（2年后改为东亚商业学校）1898年-现在	中国留学生的日语教育	柏原文太郎	教育家、社会事业家。千叶县出身。日中问题的权威。东亚同文会设立、创建目白中学。以众议院议员（1912年-1920年）的身份为中日关系以及私学教育的改善做出重大贡献。	※东京都中野区上高田五丁目44番3号
日华学堂 1898年-现在	正科（普通予备科·高等予备科）·别科（予备専科·日语専修科）	高楠顺次郎（设立者）	佛学家者、印度学家、文学博士、东京帝国大学名誉教授。1944年被授予文化勋章。	※东京本乡
		宝阁善教（校长）	同为西本愿寺文学寮毕业。佛学家。	
成城学校（军事学校）1898年-1903年	幼年科·青年科（陆军士官学校的予科教育）	日高藤吉郎	栃木县出身，参加了西南战争。日本体育会创立者。	※东京都牛込区市ヶ谷河田町
亦乐书院 1899年-1901年	清国派遣的首届13名留学生接受日语教育的场所。后来改名亦乐书院、弘文学院。	嘉纳冶五郎	柔道家、教育者。讲道馆柔道创始人，被誉为"柔道之父"、"日本体育之父"。出任东京高等师范学校长时努力接受留学生，开办弘文学院（校长·松本龟次郎）。	※同弘文学院

学校	科目	负责人	简介	地址
东京同文书院 1898年-1918年	为进入专门学校而开设的预科教育	柏原文太郎	该校为东亚同文会设立。柏原文太郎负责。	※东京府北豊岛郡长崎村豊多摩郡落合村（现·新宿区下落合）
实践女学校 1899年-现在	速成科（师范科·工艺科）·中等科·师范科·工艺科	下田歌子	教育家·歌人。女子教育开拓者。岐阜县出身。	※东京都日野市大坂上4-1-1
弘文学院 （前身亦乐书） 1902年-1909年	速成科（师范科·警务科·理化科·音乐科）·普通科	松本龟次郎	教育家、日语教师、国学家。北京大学教授、东亚高等预备校副校长。曾经教授鲁迅周恩来日语。	※东京都新宿区西五轩町13番地（现·住友不动产饭田桥ビル3号馆）
振武学校 （军事学校） 1903年-1914年	为清国留学生开设的考入军人养成学校的预备校	福岛安正 （学监）	陆军大将。男爵。情报将校。1907年，蒋介石曾经在该校学习。	※东京都新宿区河田町
经纬学堂 1904年-1910年	速成科（警务科·师范科·商业科）·普通部（普通科·师范科）·专门部（警务科）	岸本辰雄	法学家。明治大学创设人。晚年任明治大学校长。	※东京都神田锦町（现·博报堂旧本社·第二别馆付近）
法政速成科 （法政大学付属） 1904年-1908年	法政速成科 普通科	梅谦次郎 （总理）	法学家者、教育家。法学博士。帝国大学法科大学（现东京大学法学部）教授、历任东京帝国大学法科大学长、内阁法制局长官、文部省总务长官等。和仏法律学校（现法政大学）学监·校长、法政大学初代总理。勋一等瑞宝章受勋。	※东京都千代田区富士见2-17-1
东斌学堂 （军事学校） 1905年-1908年	仕官养成学校	寺尾亨	法学家。亚洲主义者。东京帝国大学教授、外省参事官。法学博士。孙中山的支持者。	
早稻田大学 清国留学生部 1905年-1910年	予科·本科（师范科·政法理财科·商科）普通科·优级师范科·补习科	高田早苗 （学监）	政治家、政治学家、教育家、文艺批评家。众议院议员、贵族院议员、早稻田大学总长、文部大臣。	※东京都新宿区
		青柳笃恒 （教务主任）	中国研究学者。早稻田大学教授。担当过中华民国大统领袁世凯的顾问。	
成女学校 1906年-1907年	师范速成科	山根正次	医师、政治家。警察医长、警视厅检疫委员长，众议院议员（6期）。	※东京都新宿区富久町

五、历史的小结

让我们重新回顾自法政速成科开办以来的清朝政治改革动态。1906年清朝政府启动了酝酿多时的立宪工程，同年九月发表了《仿行宪政》的上谕，1908年公布了《宪法大纲》，1909年、1910年先后设置了"咨议局"和"资政院"。然而清末立宪改革的进程难以延缓清王朝的灭亡，1911年的辛亥革命宣告了清朝历史的终结。

时代的发展告诉人们，清国留学生本是清王朝统治阶级视为振兴根本而精心培养，学成归国担当大任，为从专制走向立宪的政治改革服务的。然而，由于辛亥革命的爆发，革命的洪流涤荡了清末的污泥浊水，最终纳入辛亥革命之大潮。而法政大学对清王朝急需立宪人才的多方配合，也同样在结果上为辛亥志士的成长提供了广阔的空间。尽管结果与动机有所出入，受到了历史与时代的局限性制约，但中日之间进一步有选择地、直接地互动和有识之士之间更深层的跨国境合作是切实存在的。前人为了伟大目标执着奋斗，使得他们得以超越时空为后世留下宝贵财富。而他们那种坚定不移地跨越国家与国境的实践，也顺应了社会发展的进程，跨越时代为人们提供福荫。

本章还存在着其他方面的不足，填补这些空白还需要长期的努力。在此，笔者想借助这次机会，向大家介绍目前为止的调查研究内容。

图4 2006年4月17日《人民日报海外版》刊发《中国留学生留日110周年纪念》一文，介绍了同年4月15日，于北京全国政协礼堂开幕的会议内容，照片左侧前排右侧为出席该纪念仪式的笔者。

图5 2011年8月27日，在人民大会堂举办的留学人员和辛亥革命·第二届中国留学文化国际学术研讨会。左3为笔者。

注：

[1] 范源廉 1875－1927，近代教育家、政治家，字静生，湖南湘乡人。早年就学于长沙时务学堂，戊戌变法失败后流亡日本，入东京高等师范学校学习。清光绪三十一年（1905）回国，在北京任学部主事，并创办法律学校和殖边学堂。辛亥革命后，曾任教育部次长、中华书局总编辑部部长、北洋政府教育总长。

[2] 小村寿太郎 1855－1911，生于宫崎县日南市，日本明治时期外交官、政治家，曾任外务大臣、贵族院议员。1870年进东京大学，入选第一届文部省海外留学生，前往哈佛大学留学，攻读法律。回国后任职于司法省、外务省，历任外务次官，驻美、驻俄、驻清公使等职。

[3] 杨枢出生于广州，是清末著名的回族外交官，原广东候补道，赏二品顶戴，候补四品京堂，光绪二十九年（1903）五月二十日出任清政府驻日公使，光绪三十三年（1907）九月一日卸任。

[4] 本论文基于2001年8月28日，发表于由欧美留学研究会，中国留学人员联谊会和澳门基金会共同主办的"留学人员与辛亥革命·第二届留学文化国际学术研讨会"上的"关于日本法政大学清国留学生法政速成科与辛亥志士的考察"（135页-143页）进行创作。

参考文献

1. 甲斐道太郎《现代中国民法论》，法律文化社，1991年版。
2. 《中国教育年鉴1949－1981》（中国）教育出版社，1984年版。
3. 陈学恂《中国近代教育文选》，（中国）人民教育出版社，1983年版。
4. 白益华《中国基层政权的改革与探索》，中国社会出版社，1995年版。
5. 浅井敦《东亚型社会主义法的特点》《亚洲的社会主义法》，社会主义法研究年报9号，法律文化社，1989年版。
6. 实藤惠秀《中国人日本留学史》，黑潮出版社，1970年版。
7. 黄福庆《清末留日学生》，台湾中央研究院近代史研究所 1975年版。
8. 塚本元《法政速成科与中国留学生－以湖南省出身者为主》，《法政》，1988年11月号。
9. 贺跃夫《清末士大夫留学日本热透视－论法政大学中国留学生速成科》，《近代史研究》，1993年第1号。
10. 李晓东《近代中国的立宪构想》，法政大学出版局，2005年版。

第六章
日本的大禹信仰文化初探

亚州区域内的相互交流有着数千年的历史，随着人口的变迁和历史文化的融合，在生活文化层面积累造就了经久验证的互动互惠之共有平台。这深厚的底蕴亦可称为中日比较文化与比较文学的素材智库。

笔者考察中日比较文化与比较文学案例之现存环境与素材30年之久，重点挖掘和筛选亚洲尤其是东亚在历史积淀中形成的互为链接的共同点，整理提出社会和大众可接纳参与的公共课题，从而唤起对中日、东亚和亚洲的历史文化关系的新一轮关注，求索价值认同的核心，丰富与日俱进的公共教养，繁荣和平发展的命运共同体。

本章仅举现存当代日本社会的大禹信仰案例，并同时略举韩国案例，重点整理根植于民风民俗和民间信仰中的123处大禹文物的考察成果，解析该文化现象对日本当代价值取向所发挥的正面作用，探讨其对于当代社会发展的可行贡献，为比较文化与比较文学研究领域的深耕拓展提供参考。

一、概述

大禹是中华民族的人文初祖之一，是治水的英雄，也是道德的楷模。春秋时的孔子就在《论语》中对这位圣人给予极高的评价："禹，吾无间然矣！菲饮食，而致孝乎鬼神；恶衣服，而致美乎黻冕；卑宫室，而尽力乎沟洫。禹，吾无间然矣！"言下之意，就是大禹不耻恶衣恶食，也不屑居于广厦，而致力于造福人民（尽力于沟洫）和发扬人文（敬天作礼）的事业，品格已臻于至善（无间然）。千百年来，大禹智慧勤劳、恭俭自律的形象早已深入人心，并且还跨越国门，流传至朝鲜半岛和日本列岛等地，为当地人民所崇敬。大禹，文化丰富的精神内涵，成为沟通汉字文明圈的一条纽带。

进入21世纪之后，大禹文化更是突显出新的内涵，其对于重塑勤俭敬业的日本精神、发展周边国家睦邻友好的交往、增进东亚秩序的和谐稳定，都具有重要的意义。笔者关于大禹文化的发掘与研究始于2006年，尚待完善的粗浅成果集中于2014年由日本NHK出版发行的专著《大禹和日本人》及多篇论文当中，至于研究方法与特点，大概可以从下述三个方面作一简介：

（一）参与日本禹王迹的考察发现并介绍

笔者对日本禹王（日本一般性称呼）信仰文化的考察始于2006年。该年，笔者偶然听到神奈川县开成町的露木顺一町长提及位于该县富士山附近的足柄地区有一座创建于1726年的神禹祠（现在的福泽神社）和文命碑，当即就前往考察并参与当地市民的乡土研究活动。这一发现引起了笔者之后一系列的思考：何以日本社会中会出现大禹的信仰痕迹？除此之外，日本还有哪些地方存在禹王迹，其分布又如何？为何中国的治水神禹王在日本会受到特别的欢迎？

带着这些问题，笔者随后参与到日本禹王迹的发掘和介绍。与一群志同道合的日本国民一起，于 2010 年在神奈川县召开了第一届日本全国禹王文化节；2013 年，成立了民间研究机构"治水神禹王研究会"并发行会刊；2015 年成立了鉴定审查大禹相关历史遗址和文物的审委会。大禹信仰也随着文化节的召开和研究会的活动，为越来越多的日本人所知悉。截止 2017 年 11 月，日本全国共发掘出了禹王信仰相关文物史迹 142 处，对此，禹王研究会已经在日本地图上一一标明，且随着考察的深入，这个数字还有可能继续上升。由此可见禹王在日本民间的巨大影响力。

现在日本国内 34 个地区发现了祭祀大禹的庙宇和歌颂大禹丰功伟绩的古碑，还有金铁木石等材料塑造的禹像、字画，多地带有"禹"字的祭祀服装等实物，1630 年由德川幕府用纯金铸造的大禹像为国家级文物，如今保存在名古屋市的德川美术馆内。如今民众不识"禹"字的确切含义，但对这个字的字形却是不陌生的。这也表明禹王迹的发掘绝非是学者求异之举或"好事者"为之，而自有其深厚的历史积淀和情感基础。对此，笔者在《孔子学院》《明报》《中国水利报》《中国大禹文化》《国际儒学研究》《东北亚外国语研究》《燕行使进紫禁城——14-19 世纪的宫廷文化与东亚秩序学术论文集》《国际日本学研究》《东亚文化交涉学》《人民网》等两国报纸杂志上，做了大量介绍和宣传，并且应邀在瑞典、法国等西方国家和东亚、东南亚各国先后做了 50 多次相关演讲，大大推动了日本大禹文化的传播和研究。

（二）理清了日本禹王信仰的原因及其来龙去脉

笔者专攻文化的比较研究和分析，就日本禹王信仰的原因及其来龙去脉，并未停留在大禹本身的传说和精神象征之上，而是从更宏阔的文化视野来把握这一命题。首先，从分析日本文化人类学家青木保先生所强调的日本系"混成文化"这一概念着手，来讨论日本文化的源流，继而追踪大禹信仰何以会传至日本并生根发芽。

"混成"一词源自于老子《道德经》第二十五章"有物混成，先天地生"，青木先生借此说明日本的文化性质。笔者认为，这一概念真实地揭示了日本文化的特点。其中，诸如日本的大量研究积累所示，中华传统文化自然是日本文化最主要的来源之一。中国的神祇出现在日本的信仰中，也是水到渠成之事。但是，笔者认为大禹文化东进最主要的因素还在于经典的流传。据成书于8世纪的日本最早的古典《古事纪》和《日本书纪》记载，公元5世纪初，被称为汉帝后裔的五经博士王仁从韩国来到日本，受命出任皇太子菟道稚郎子的教授，他带去的《论语》《千字文》等中国古典著作入主日本文化核心——皇室，成为日本的人文教材，汉字由此成为日本的文字。自此，日本开始融入汉字文明圈，儒家文化也得以在日本发扬光大。

上文提到，《论语》中提到大禹，其勤劳睿智的形象和治理水患的伟业令皇室无比感佩和向往。在大禹精神的感召下，皇室亦奋起率民治水。据日本古籍记载，1500年前，位于今天富井县的九头龙川泛滥成灾，应神天皇的后人率民治水成功，为人民爱戴，被推为第26代天皇，即"继体天皇"，为纪念其功业，人民在俯瞰九头龙川的山巅建立起祭祀天皇的神庙，并树碑歌颂天皇和大禹。由此，大禹直接和皇室联系在了一起，宫殿中亦可见到大禹的形象。比如1641年，京都宫殿的隔扇画上就画有狩野派画家鹤泽探真（1834-1893）所作的《大禹戒酒防微图》，用大禹的形象来提醒当政者需要勤政爱民，防微杜渐，不可沉湎酒色，大禹在此又起到了道德楷模的作用。自1989年开始启用的"平成"年号，出自于中国古籍《尚书》、《史记》等，原文为"地平天成",而载有此句的篇名恰恰叫《大禹谟》。可见大禹对皇室的影响以及皇室对大禹的尊崇,在皇室的尊崇和推崇下,全日本上下都开始喜爱大禹,祭祀大禹。

当然,对于《大禹谟》从学术角度的文献考证以及史料考证等尚待发现和研究。但是,作为朝野信仰之对象的大禹这一人物,日本自古便是予以了接受和公认。

自然环境和文化心理,也是驱使大禹信仰流行的重要原因。自儒学东传,古代中华典籍成为日本各界的必修课程,典籍中大量的大禹传说给人们的信仰提供了源头出处。根据712年的《古事记》和720年的《日本书纪》这样的早期典籍记载,日本自唐代开始就确立国学以汉学为基础,这两部典籍中,亦数次提到了大禹,可见大禹在唐代已经备受关注。而日本的自然环境本身也给大禹信仰的传播铺垫了深厚土壤。

日本自古自然灾害多发,海啸地震,水患频仍,人民在自然面前,往往哀苦无告,急需神来拯救。而大禹作为治水神,其高超的治水技术和浓厚的人文关怀使得人们本能地亲近于他,所以对他的崇拜和祭祀最后已经成为人们自然而然的心理需求。

此外,日本的祭祀传统也使得大禹信仰长盛不衰,且在绵延过程中,更增强了人们对他的爱戴之情。日本特别注重祭祀,即便遭遇到各种各样的灾难和变故,祭祀活动仍是雷打不动地进行,这使得许多古老的传统得到承继。由此,大禹已然成为了一个伟大的祭祀符号。从1894年至1972年,日本各地又新增了18座大禹纪念碑。这段时期一般认为是历史上中日关系最坏的时期,而大禹的影响力不减反增,由此益发证明文化心理驱动力之强。

为什么一位源自中国古典中的圣人,却在日本受到了如此重大的欢迎,其原因及其来龙去脉主要源出上述两方面:一是王室的尊崇与推动,二是日本自然环境和文化心理的驱使。

（三）揭橥了发掘大禹文化的当代价值

笔者的禹迹考察和大禹文化研究，除了着眼于学术方面之外，更加关注于揭橥和发掘大禹文化的当代价值，这价值又可略分为三：

第一，发掘大禹文化能为治国理政提供精神动力。如笔者在《对日本大禹信仰文化圈现状的考察研究报告》（刊于《中国大禹文化》2017年7月，下简称《报告》）一文中指出："直至今日，东方式传统的伦理道德更贴近历代皇室所传承的价值体系，更容易为皇室所理解和接受。"而凝聚诸多美德于一体的大禹形象，更是早已超越时空，成为汉字文明圈的精神偶像，其所体现的"东方式传统"，即儒家所谓的"圣人之治"，要求兼备"内圣"与"外王"。就前者而言，大禹谦逊、俭朴、勤勉、富有智慧；就后者而言，大禹一心为公，兴修水利，造福人民，和平发展；这不正是人民所希冀的理想政治家的形象吗？所以大禹文化中所传达出来的治理信息，能为当代治国理政者提供历史经验和精神动力。

第二，发掘大禹文化能为读解日本的中国观提供一扇窗。众所周知，世界文明对话与文化交流中，在存在分歧的前提下，寻求共识，相互理解，以期达到共识与互惠是最重要也是最艰难的环节。在《报告》中，笔者同样提到："把握时代的变化与时代精神的流向以及生活在不同时代的生活者的价值取向，大概有助于解读日本。而具有对日本的调查研究以及生活体验的积累的人都有所自觉：读解日本的同时，也是读解中国的'双向'过程，是一种自发的'对应的相互探讨'。"中日一衣带水，文化同源，不过在各自的发展过程中，同样存在着巨大差异。如果我们只停留在历史中，以古代中国揣度现代日本，所认识的一定不是真实的日本。那么我们就要关心什么是真正鲜活的传统？遍布于日本且如今方兴未艾的禹王信仰，或许可以成为解答这个问题的参照案例。大禹从历史中来，活跃于当下，其给日本人民带来的心理体验或情感依附，乃至生活方式的变化，是值得我们深究的。这也构成了传统的"创造性转换"的契机，对大禹文化内涵发掘得越深刻，我们也越能知己知彼，更好地理解日本的中国观，自然也越能有针对性地聚焦问题，解决争端，加深中日友好交流。

第三，发掘大禹文化能为弘扬汉字文明提供津梁。以境外大禹文化为切入点，让我们追溯历史，展望未来，将有另一幅画卷映入眼帘。那就是东亚文化间的多元交流历经互相接触、渗透、演变、融合，在历史文化的时空纵横延伸，深入发展的过程中，巡回渐进，共同堆建起具有浓郁的东亚特色的原生态。而这原生态，最初就是以汉字共同表达出来的。整个东亚的文明都可以称之为"汉字文明"，大禹的形象在某种程度上就是传播汉字文明的一位使者。笔者曾在日本山口县萩市的一家店铺中发现镌有"禹"字的瓦当，烧制时间并不久远。店铺主人可能并不理解这个字的历史含义，这个瓦当也许不过是制造者延续此前工艺的一种做法，但是他们珍藏并传承着这份传统工艺，由此益发可见汉字文明圈的光大绝不仅仅是情绪化的口号，而是有其深厚的历史积累和认知基础。大禹文化或许就是可以凭借的值得参考的津梁。

由此看来，大禹信仰和汉字文明并非只是一个知识考古的话题，而有其现实的应用价值。当今东北亚局势复杂，国家之间急需相互理解和交流沟通，其间不可避免地也有误读。毋庸讳言，误读本就是"混成文化"的副产品，但是如果放置不问，那么各文化之间只能渐行渐远。汉字作为联结各国的纽带，却是可以为亚洲和平乃至世界和平作出贡献的。我们看到2007年，中日韩三国文化部长举行高级别对话，签署"南通宣言"，提倡加强文化交流，并于2012年启动了三国文化古都交流事业，至2014年，三国会议正式宣布共同使用808个通用汉字的战略决策。而笔者最新翻译、由人民出版社于2017年发行的《十国前政要论"全球公共伦理"》中，十国前政要一致认为能被全球公同接受的伦理"金律"就是"己所不欲，勿施于人"，而这恰恰来源于汉字文化的经典代表——《论语》。这就意味着，从大禹信仰到全球公共伦理都明白昭示了汉字文明不仅具有强大的生命力，更有着现实的感召力，也可以服务于"一带一路"的伟大战略构想和人类命运共同体的和平之道，那么我们还有什么理由不共同接近并借鉴这"汉字小精灵"呢？

二、对日本大禹信仰文化现状的考察

（一）日本大禹信仰文化的现状考察概略

自2006年以来，笔者参与的日本治水神禹王研究会始终坚持在日本全国各地考察发掘大禹信仰的相关文物与史迹，经治水神禹王研究会禹王遗迹认定委员会的考察鉴定，至2016年10月相关文物已达123处（考察依然在继续）之多。其分布一览可参考文末附录资料。

下图为2012年10月在日本群马县片品村召开的第二届日本大禹文化节使用的日本大禹遗迹分布图。当时查明的有关大禹信仰的文物与史迹为50处。图面由第二届日本大禹文化节准备委员会制作。

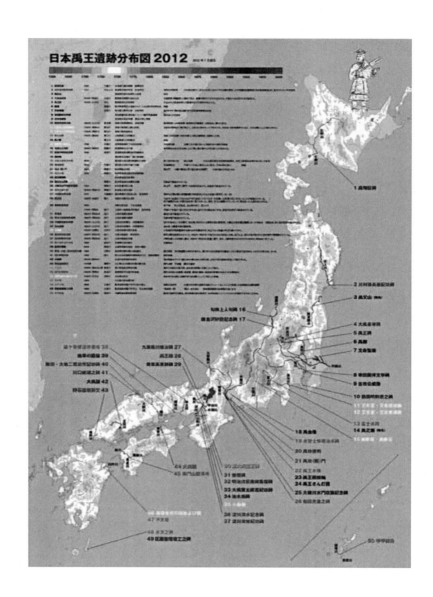

194　岚山的周恩来

发掘并组织拓展日本大禹信仰文化各项活动的开展状况如下：

1. 考察日本大禹信仰文化圈的启动

对日本大禹信仰文化圈的考察始于笔者在 2007 年举办的共议 21 世纪神奈川发展的圆桌会议。我第一次得知位于富士山附近的神奈川县足柄地区有一座 1726 年创建的神禹祠（现在的福泽神社）及相关的文命（禹的别名）碑等等。在此，我们需要高度重视。2013 年 6 月，富士山作为"文化""自然""复合" 3 类世界遗产当中的文化遗产入选，而来自中国的大禹则与富士山并肩顶立。该地区同时拥有富士山和大禹这两种象征性文化标志，似乎偶然，却意义深远。它意味着东亚文化经过相互接触、渗透、变化、融合，在文化交往纵横延伸，深入发展的过程中，同时也在反思、摸索，从而逐渐堆积成历史文化的原生态。而今，在大禹文化所滋育的连绵基础之上，其成果受惠于异邦的古今。比如，当地 300 年来连年祭祀大禹，学校、水道、桥梁都以大禹命名，无一不在讲述着大禹与彼方风土的共生共融，同时为后人提供了分析日本混合文化之现代价值的宝贵实证考查资料。

资料：笔者编辑的论文集《共同研究的参考：国际日本学研究》（2013 年 3 月，法政大学国际日本研究所发行）的封面采用

石碑的现场照片

当地文命东堤碑的碑文拓片，其间的"神禹"二字清晰可见。

2. 举办有组织的全国性活动

2006 年，以足柄地区的市民研究团队为核心在当地政府的支持下展开了全国性的调查。我们发现日本的禹文化是经过日本人自主移植和选择，为适应各个地方的风土和生活，在不断的交融演变过程中而自然形成的。因此，它既保留了中日两国混合文化的特色，又逐渐转换身份，完成在日本的土地上绽艳芬芳的治水神定位的。2010 年在神奈川县开成町举办了一届日本全国禹王文化节。尔后 2012 年的第二届文化节于群马、2013 年第三届于高松市、2014 年第四届于广岛市、2015 年第五届于臼杵市相继召开。另外，2013 年成立了民间研究机构"治水神禹王研究会"并发行了会刊，2015 年成立了鉴定审查大禹相关历史遗址和文物的审委会。禹王文化节筹委会决定，从 2016 年起，日本禹王文化节每两年在拥有大禹文物和祭祀之地轮流举办。2017 年 10 月，第六届大禹文化节于山梨县举行。2019 年，第七届大禹文化节在岐阜县海津市举办。

资料：日本群马县片品村的大禹皇帝碑。该碑的字体与中国湖南省长沙市岳麓山和武汉、绍兴市会稽山的大禹碑的碑文（篆书体）极为相似。

资料：当地特产禹王酒

资料：2014年10月18日-19日，日本第四届大禹文化节设定在大禹谟邻近的世界和平城市——广岛市和平纪念公园内的国际会场举行，文化节的开幕式在日本治水神禹王研究会会长代表与会者向和平纪念碑献花仪式后开启，笔者应邀赴会做基调演讲，题目是《大禹文化所疏通的东亚和平》。然而，由于当地突发的恶性泥石流的影响，会议不得已改为网上召开。下图是以大禹谟为标记的第四届大禹文化节的广告。

3. 导入大型国际学术会议

2015年5月9日-11日，在神奈川县开成町成功举办了第七届东亚文化交涉学国际学术会议，来自7个国家的300多名研究人员和市民参加了会议。会议成果以中日韩英4种语言文字向世界各地传送，并获得了天皇夫妇的赞扬。

4. 日本大禹信仰文化圈的考察资料简述

其一，日本最早的禹王庙是建于1228年的京都·鸭川禹王庙。

相关资料参见：日本《新修京都丛书·第10卷》黑川道祐撰，临川书店，1968书中所记载的夏禹王庙文。

其二，日本现存最古老的大禹膜拜物（二例）。

1637年建造的香川县高松市的"大禹谟碑"。

1630年铸造的禹王金像，高度约为80cm，现为名古屋的德川美术馆所收藏。

其三，仅介绍两则最早的日本文献记载。

(1) 712年编纂的《古事记》（太安万吕编）序言（小学馆"古事记上代歌谣"）中记载：大意"当今的元明天皇名比夏之文命高、德高胜于殷之汤王"。

(2) 在考德天皇（36代645-654年在位）时代的"日本书记"（720年完成）中，引禹王之德行赞美天皇。

其四，根据目前的考察结果表明，日本现存的禹祭大致有以下几处：

1708年建立·琦玉县的文命圣庙

1719年建立·大阪府岛本町的夏大禹圣王庙

1726年建立·神奈川县酒匂川流域的文命东堤碑和西堤碑

1740年建立·大分县臼杵市的禹稷合祀坛

1838年建立·岐阜县揖斐川流域的禹王灯笼

1919 年建立·群马县沼田市的禹王碑

2012 年建立·兵库县姬路市的鱼吹八幡宫

2013 年建立·广岛市的大禹谟

在此，仅择 2014 年 5 月所举办的两项祭祀活动作一简介。

(1) 岐阜县海津市的禹王祭。当地住民每年都在 5 月 14 日黄昏，集聚在街头的祠堂，面向祠堂正中所供奉的禹王挂轴顶礼膜拜，感谢他除灾祛病，保佑这一方土地五谷丰登、人兽平安。据当地居民介绍，这一祭祀活动至少已经持续了 160 年之久。下列照片就取材于祠堂正中所供奉的禹王挂轴，由大胁良夫摄制。

(2) 神奈川县西部酒匂川流域的足柄地区的文命祭祀。据神奈川县立公文书馆所收藏的 1879 年的"神社明细账"记载，始建于 1724 年的福泽神社原名取自大禹的别名（文命），其祭神为"夏禹王"。1841 年的"新编相模国风土记稿"第一集班目村、川村岸之项中也提及了文命神社，明确记载有其"祭神·禹"的史实。因此，足柄地区有很多设施以文命命名。如"文命中学、文命遂道、文命用水、文命桥"等等。自 300 年前起，当地每年都在 5 月 5 日于神社举办丰富多彩的文命祭祀活动。下面的照片人物取自酒匂川西堤祭禹仪式中的神社主持。

岐阜县海津市的禹王祭

酒匂川西堤祭禹仪式

（二）开发日本大禹信仰文化圈于当代中日关系的现实意义与价值

1. 和平的正能量是安全保障的基础

在现存大禹遗迹统计表中，有18处建于甲午战争以来直到1972年中日邦交正常化期间。即在1894-1972年的78年之间，大禹的形象突破国与国之间的战火重围，源远流长于日本民间，根植于风土民情深层的历史文化血脉经久不衰。这一事实明显地证明了国与国、国与民、民与民、文化与政治军事诸种关系之间的走向规律与特点，并提示我们，在中日交流的长河中，和平、正面的选项可以跨越政治障碍，人文交流和朴素的民俗学的魅力可以链接人心所向，前人的智慧与方策令今人反思、引以为鉴。

1894-1972年：78年间所建立的18座大禹纪念碑（根据年代顺序排列，大胁良夫制作）

年代	遗迹名称与禹的"刻字"	所在地（水系与县名）	日中关系主要大事记
1895	船桥隋庵水土功绩之碑"大禹圣人"	利根川、千叶县野田市	1894-1895年 甲午战争 1898年 列强分割中国 1899-1901年 北清战争（义和团事件）
1896	攸田•大岩二君功劳记功碑"神功禹迹"	日野川、鸟取县伯耆町	
1897	川村孙兵卫纪功碑"神禹以后唯有公"	北上川、宫城县石卷市	
1900	禹功德利"其业何为谦禹功"	木曾川、爱知县爱西市	
1908	禹功门	揖斐川、岐阜县养老郡	

年代	遗迹名称与禹的"刻字"	所在地（水系与县名）	日中关系主要大事记
1908	川口修堤之碑 "呜呼微禹吾其鱼乎"	旭川、冈山县冈山市	1911年 辛亥革命 1912年 清朝灭亡 1915年 日本对华21条要求
1909	淀川改修纪功碑 "以称神禹之功"	淀川、大阪市都岛区	
1912	九头龙川修治碑 "称功轶神禹矣"	九头龙川、福井县福井	
1919	禹王之碑 "禹王之碑"	利根川、群马县沼田市	
1923	治水翁碑 "是頡顽神禹功"	淀川、大阪府四条畷市	
1923	大桥房太郎君纪功碑 "大禹治水"	淀川、大阪府四条畷市	
1923	西田明则君之碑 "大禹治水"	东京湾、神奈川县横须贺市	
1924	黄檗高泉诗碑 "何人治水功如禹"	桂川、京都市西京区	
1928	诗佛上人诗碑 "胜禹业纪之心花盛开"	信浓川、新潟县燕市	1931年 "满洲事变" 1932年 "满洲国"建国宣言 1937年 卢沟桥事件、侵华战争开始、南京事件
1936	砂防纪念碑 "开荒成田禹绩豹功垂"	鱼野川、新潟县南鱼沼群	
1937	古市公威像 "不譲大禹疏凿之功"	京京大学正门、京京都文京区	
1954	大樽川水门改筑记念碑 "禹功门"	揖斐川、岐阜县养老郡	
1972	大禹谟 "大禹谟"	太田川、广岛县广岛市	1972年 中日邦交正常化 1978年 中日和平友好条约签订

2. 传统文化助力和平对话

资料：京都御所内的《大禹戒酒防微图》（香港《明报月刊》提供）

第六章　日本的大禹信仰文化初探

　　画在京都御所①的御常御殿内隔扇之上的《大禹戒酒防微图》出自江户末期与明治初期的狩野派画家鹤泽探真（1834-1893）。狩野派是日本绘画史上最大的画派，其最大特点是专注源于中国的伦理道德体系，将其全方位地体现于画面。其画法则结合日本式欣赏习惯和特色，具有雅俗共赏的效果，长期占据朝野各界的殿堂。

　　进驻京都御所的其他以中国帝王为原型的狩野派的作品还有《高宗梦赉良弼图》和《尧任贤图治图》，这两幅作品与《大禹戒酒防微图》联手合为隔扇画三图，前两幅画的作者分别为座田重就和狩野永岳。

　　京都御所是日本平安时代的政治行政中心所在地。从公元781年自奈良迁都京都到明治维新的1074年中，它一直是历代天皇的住所，后又成为天皇的行宫，有28位天皇从1331年至1868年生活工作于此，与《大禹戒酒图防微图》同呼吸共命运。其目的十分明确：以大禹为楷模，保持传统的自重、自尊、自戒、自勉、自强不息的精神，以期成为万众所望的德君。日本皇室尊奉以大禹为典范的中华文明还体现在以下几个方面：

　　（1）以中国传统文化中的精华为建国治世之鉴。自古以来，

日本的天皇就是学习并引进中国传统文化的推手。他们的日常规诫中基本上以中国传统文化中的君王和圣人的仁德为座右铭。中国的伦理道德融入皇室的教化深层，并成为其言行指南。因此，直至今日，东方式传统的伦理道德更贴近历代皇室所传承的价值体系，更容易被皇室所理解和接受。

（2）皇室年号源于中国典籍。由于大禹和日本皇室自古就保持有这种近距离关系，当今天皇的年号"平成"便出自《尚书·大禹谟》，原文记录了大禹治水的壮观成果就是"地平天成"。

资料：出自日本著名画家雪舟笔下的"历圣大儒像大禹"挂轴。该画为1633年受命德川义直而作，画中题辞亦选自《尚书》中的"地平天成"。该挂轴现存日本国立美术馆。

《尚书·大禹谟》刻在唐文宗太和四年（830）的《开成石经》中，其中包括《周易》《尚书》等12种经书，被誉为"世界上最大最重的一部书"，由114块石刻组成，共计65万余字，现存西安碑林博物馆。1992年10月26日上午11点，首次访华的天皇夫妇抵达西安碑林博物馆，亲临目睹了《开

第六章 日本的大禹信仰文化初探

成石经》中的平成字迹,感慨万千。时值中日国交正常化20周年纪念之际。

地平天成碑(纵5米,幅4米,厚1.5米,土台2米)摄影:大胁良夫。位于岐阜县中津川市的"地平天成"碑,平成9年竣工,碑文提到了"大禹谟"。

综上所述,至少从5世纪汉字与汉籍传入日本起始,皇室就对大禹抱有非同一般的深刻的认识和感悟。大禹在日本的定位与而后的帝王学和帝王图鉴的东进相互印证,深得朝野拥戴,便自然而然地加入日本文化中的信仰对象行列,并逐渐演化为日本本土的大禹信仰。

3. 读解日本中国观的一扇窗口

由于近代以来日本的国家价值观在实现富国强兵的过程中趋向脱亚称霸,以西方合理主义和实用主义为核心标准,尽管致力于战败后的和平建设以及1972年的日中邦交正常化以来的调整改善,但16世纪前以中国伦理道德为参照的观念发生了根本性转型,其结果也导致了国民关注重点的移位,与中国相关的各方面知识都被淡化,中国观的内涵也随之逐渐发生了演变。因此,提到"中华"二字,当今日本人最先联想到的大概就是"中华料理"了,而昔日日本人所关心和热衷的中国文史哲方面的知识框架已成为古董,而非参照方向。居住在全方位改装成西式装修客房里的主人必然无意识地被调整、被改造。

但是,一经追宗求源、以史为鉴的文化清理,当代人大都应运而悟,敏感呼应,本文所述内容便充分反映了这一倾向。这是认识当今日本对华意识之一角，它不可能笼括整体，也不是天方夜谭。把握时代的变化与时代精神的流向以及生活在不同时代的价值取向，大概有助于读解日本。而具有对日本的调查研究以及生活体验的积累的人都有所自觉：读解日本的同时，也是读解中国的"双向"过程，是一种自发的"对应的相互探讨"。

期待对境外中华文明流程的考察和研究将对中日当代战略性互惠关系的发展提供参考，为东亚和平做出独特的贡献。

4. 启动重新定位东亚文明的内外联动

在日本，虽然禹王的流传和信仰早已成为朝野共识，并演化为国民生活中的默契价值，但由于其流于日常并分解于各个地区，从而忽视了对于大禹文化体系的整理和分析，更没有在日本、中国和亚洲开展相关交流和传递。不过，这种状况自2006年以来发生了根本性的变化。如本文所述，日本大禹信仰研究的发展、相关地区的市民联动，启动了发掘日本大禹信仰文化圈的新局面。一些地区还将结合对中国多地大禹文化的考察成果，与地方志、地方史研究挂钩，选择其中的内容纳入本地区义务教育的辅助教材，自发地参与以大禹为切入点的东方文明建设。

（三）韩国的大禹信仰现状

在韩国，不仅姓"禹"的人很多，像禹山②、禹津江③、禹池里④等含有"禹"字的地名也很多。与禹王相关的历史遗迹有位于庆赏北道六香山⑤的禹王碑，1662年由一位名叫许穆⑥（1595-1682）的官员为祈求风平浪静而建。和日本一样，这座"大韩平水赞碑"的建立目的,被认为是对"治水之神"禹王的信仰。

韩国的《檀君古记》等伪作（《檀君古记》被历史学界鉴定为近年所创作）中,其建国神话中有禹王登场。例如,此书中《檀君世纪》中有"甲戌六十七年帝遣太子扶娄与虞司空会涂山太子傅五行治水法勘定国界幽营二州属我"（甲戌六十七年帝派遣太子扶娄与涂山的虞司空会面，传授太子五行治水的方法，勘定国界，幽州、营州两地划归我国）。

鉴于韩国对禹王和古代中国史的深层了解，可以推测这里所说的与太子扶娄会面的"涂山"的"司空"（司空是六官之一，掌管水利、土木以及囚犯管理）就是娶了涂山家女儿，被舜帝任命为司空的禹王，扶娄所学的五行治水之法就是"治水之神"禹王所授。在《檀君古记》中，太子扶娄作为"檀君二世"继帝位，经过"贤而多福"的扶娄之治，文化大进。

与之相关，在韩国，为称颂学习了禹王治水方法的扶娄，现在依然举行着名为"业主嘉利"⑦的祭祀。这些故事的原型可能是1675年的伪史《揆圆史话》⑧，即便它们并非史实，但在建国神话中让禹王登场，如此的知识素养和想象力是值得深思的。据说李氏朝鲜第19代国王肃宗⑨（1661-1720）还创作了赞颂禹王的诗句，即使这是基于神话的误传，也能说明朝鲜王朝内存在着对禹王的信仰和崇敬。

以上可以看出，作为治水象征的禹王，自古以来就是东亚三国共同信仰的对象，现在还广泛存在于当代社会生活之中。

（四）大禹成为东亚民间信仰对象的背景解析
1. 大禹是东亚原始知识共同体的认知象征

东亚内部的人流大迁移伴随着知识与智慧的共同利用与开发。四书五经等中国典籍则是最古老、最原初的知识平台的基础框架，也是牵动、引发不同种族和地域互动的强韧的核心纽带。而四书五经中国典籍对于大禹的记载及其传播起到了决定性作用。从汉字经韩国人王仁带到日本，成为日本的国语之时，四书五经就被定位为经典范本教科书，其中，"禹"字一共出现了31次。

以大禹为模式的主要日籍文献有《古事记》《三教指归》《性灵集》《徒然草》《太阁记》《政谈杂话》《一人寝》《都鄙问答》《三壶记》《诽风柳多留》《风来山人集》《地方凡例录》等。而韩国更多，在此不做赘述。

2. 大禹乘四书五经之风东进日本后，被古来深受地震水灾之苦的日本人民奉为信仰的对象，移植为保佑本土的祭祀符号。而保障日本民生最优先的工作就是抗洪防震。对于原始农业生产状态的日本来讲，大禹不仅是祈求保佑的治水之神，也是具有超人技能的科学家。

3. 日本认为以疏通为主的大禹治水方法经过大陆的成功性洗礼，直至今日，日本的土木建设行业仍然奉大禹为开拓者。日本传统体育相扑中的姿势也取材于治水时代人工垒夯、用脚奋力踏实堤土的形象，日语中叫作"禹步"。"禹步"演变成神道、剑道和相扑中的不同步法。

4. 日语中的一些词汇源于大禹的故事。例如，"鲤鱼跳龙门"的"龙门"⑩指的是公元前2132年，禹王治理黄河上游的地名。据日本的《大辞林》记载，"能越过黄河上流瀑布——龙门的鲤鱼可以成龙，以此比喻出人头地"。据此，日本在5月5日的传统节日端午前后，家家户户都要高挂鲤鱼旗⑪，以寄托望子成龙的希望。挂鲤鱼旗的习俗最初始于江户时代⑫的武士家族，后被民间效仿并普及开来。

"鼎谈"⑬一词出自公元前2067年禹王主持铸造的"九鼎"（三足金属祭器，王权的象征），由此而延申的"问鼎之轻重"⑭（《春秋左氏传》宣公三年）也是日语中经常出现的典故之一。演变为语言的大禹必将流芳千古。

三、让大禹说明东亚的文化关系，让大禹引领重新审视汉字文化圈的作用

毫无疑问，21世纪是东亚的时代。如果东亚各国在所有领域都不断加强合作，那么发展势头将会越发迅猛。对于今后进一步的合作，我们应当发挥怎样的作用？笔者认为，历史文化方面的携手并进将先行于其他领域，上述研究成果便是有力的证明。

古代中国史上的先民领袖——大禹信仰远渡日本后，在这片土地上被拥戴了千年之久，乃至今天。这个事实可以说明东亚文化间的和平交往不仅曾经在历史上，而且在当代也具有极高的价值。日本运用大禹文化受惠千年的实践坐轴，可互联互通扩展到整个东亚。

自2006年以来，在以日本治水神禹王研究会为主体的全国性调研之中，发掘出遍布日本的142处大禹信仰的史迹文物及其至今依然被顶礼膜拜的现象。北起北海道，南至冲绳，大禹在日本这片土地上源远流长，被拥戴了千年之久。这个事实可以说明东亚间的历史文化交往不仅曾经在史前，而且仍然"活在"当代，与现代人息息相关。日本的大禹信仰文化完全出自日本人的主动移植和自觉选择，并逐渐融入日本的风土和民众的生活，在不断的交融演变过程中立足生成。因此，日本的大禹信仰具有中日两国混合文化的显著特征。

以境外大禹信仰文化为切入点，让我们追溯历史，展望未来，

将有另一幅画卷映入眼帘，那就是东亚间的多元交流历经相互接触、渗透、演变、融合，在历史文化的时空纵横延伸，深入发展的过程中，巡回渐进，共同堆建起具有浓郁东亚特色的原生态。而今，在大禹信仰所滋育的连绵基础之上，其成果也润泽着现代人的日常生活。比如，日本日历中的大禹祭祀日、神奈川县开成町的中学校名：文命中学、文命水渠；各地的桥梁与水坝等建筑物的奠基文中对治水先贤大禹的赞扬等等，无一不在述说大禹与此方风土共生共存。

大禹信仰跨越千年的实践坐轴，联系着中日两国，这种互联互通的关系还扩大到了东亚、东南亚等地。来自大禹信仰的恩惠为广泛的区域和民众所共享。笔者相信，与此相关的研究成果，不仅可以广泛运用于对中日文化关系的分析，也能够在东亚文化交涉学等学术领域作出丰厚的贡献。特别是从作为东亚知识结构的基础和汉字文明的象征的角度来审视大禹信仰，我们倍感在2013年的中日韩三国政府会议上，由福田康夫首相主导提出的推广808个共同汉字使用的三国协议的深远意义。

在东亚共享的大禹信仰层面，贯穿着互联互通的智慧循环，而动态地把握其间的多维视角参照，势必能汲取正能量的启示，捕捉到健康走势的方向。因此，境外大禹信仰研究将成为一种参考、一种借鉴，推动境内各项研究的建设性发展；与此同时，也会反哺境外，不断推进互学互惠，内外联手共进。让我们走进日本的大禹信仰，共同探索汉字文明的智慧，共同打造多彩平等融合互惠的地球。

（注：本文中的一部分曾先后在2016年6月召开的《亚洲文明互鉴：北京国际学术研讨会》和同年10月召开的东亚文明威海论坛上发表）

注　释：

①京都御所：京都天皇的寝宫位于京都市中心上京区内，最初是作为天皇的第二宫殿而建，1331 年至 1868 年这里主要用作居所，随着幕府的没落和明治天皇重掌朝政，新的皇宫移至东京。
②禹山：韩国的地名。
③禹津江：韩国的地名。
④禹池里：韩国的地名。
⑤北道六香山：韩国的地名。
⑥许穆：字文甫、和甫，号眉叟、台领老人，谥号文正，是李氏朝鲜后期的政治家、思想家、作家、诗人、画家、教育家，礼讼争议时南人党的强硬派领导人，历官大司成、吏曹判书、大司宪、右议政等。
⑦业主嘉利：韩国的祭祀名。
⑧《揆圆史话》是一部有关古代朝鲜的书籍，成书时间有争议，在 1925 年出版的《檀典要义》中首次提及。
⑨肃宗，朝鲜肃宗（1661-1720），名李焞，是李氏朝鲜的第 19 代君主，庙号肃宗（숙종），谥号显义光伦睿圣英烈裕谟永运洪仁峻德配天合道启休笃庆正中协极神毅大勋章文宪敬明元孝大王（清朝赐谥僖顺大王），葬于高阳明陵。他在位时，后宫张禧嫔曾干预朝政，后因巫蛊事件而被灌毒汤赐死。另外，清朝与朝鲜在豆满江及鸭绿江边界发生过领土纠纷。
⑩龙门：在晋陕峡谷的最南端，北距壶口瀑布 65 公里，龙门之南就是开阔的关中平原了。黄河水从狭窄的龙门口进入宽阔的河床中，河性发生了很大的变化。龙门之形成，因其东龙门山和其西梁山各伸出山脊，相互靠拢，形成 100 多米宽的狭窄口门，束住河水，形成湍急的水流。每当洪水季节，水位升高，而出了峡谷后河谷变宽，水位骤降，落差很大，故有"龙门三跌水"之说。"鲤鱼跳龙门"的传说，就是指跃此处。
⑪鲤鱼旗：日本全国各地都有悬挂鲤鱼旗的风俗，随风招展的鲤鱼旗成为端午节一道独特的风景。挂鲤鱼旗时，一般旗杆顶端要有旋转球或宝珠造型，下面安装风车，然后旗杆上最上端是无色或描绘鲤鱼的风幡，以下根据大小依次悬挂黑鲤鱼、红鲤鱼、小鲤鱼等。不少公共场合也将鲤鱼旗作为装饰品或排悬挂。
⑫江户时代：是德川幕府统治日本的年代，时间由 1603 年创立到 1867 年的大政奉还，是日本封建统治的最后一个时代。
⑬鼎谈：三人对面交谈。
⑭问鼎之轻重：问鼎的大小轻重，指妄图夺取天下。

参考文献：

[1] 王敏《大禹和日本人》日本 NHK 出版，2014 年，大胁良夫、植村善博编《治水神禹王之旅》人文书院，2013 年。
[2] 王敏《汉字是连接东亚的纽带"生活共同体"》《NARASIA 东亚共同体》"5 伝统文化""生活共同体"，丸善株式会社，2010 年 6 月 15 日，393-395 页。
[3] 王敏《宫泽贤治的研究课题——西游记与孙悟空以及大禹》《国际日本学第 14 号》2017 年 1 月 31 日，3-25 页。
[4] 王敏《透视中日关系的深层——文武与道德的现实性》《日本发信的世界思想》藤原书店，2017 年 1 月，303-321 页。
[5] 王敏《相互依存的深化相互不信的增幅－如何化解日中深心的"隔阂"》《日中"歴史的转折点"——日中关系再考》第一部第三章，2013 年 3 月 20 日，40 页，55-56 页。
[6] 王敏《日中韩历史文化的共性——东亚文化圈的连结》《相互探究的国际日本学研究－日中韩文化关系诸相》2013 年 3 月 29 日，438-441 页。
[7] 王敏《中国人观光客人造访地方文化观光交流》《朝日新闻》2010 年 8 月 2 日。
[8] 王敏《日中韩共同幸福的根本——东亚的"公共教育"和"公共哲学"的基础》《公共的良识人》11 月号，2012 年 11 月。
[9] 王敏《治水之神日中桥梁》《朝日新闻》2013 年 6 月 17 日。
[10] 王敏《汉字圈下的认知与选择》，"行走的愉悦"，明报月刊出版社，2013 年 11 月，383-396 页。
[11] 新井白石《"折柴记"》荻生徂徕"政谈"。
[12] 新井白石《日本名著 15》桑原武夫编集。
[13] 荻生徂徕《日本名著 16》尾藤正英编集。
[14] 《水文化第 40 号》水文化中心机关杂志，2012 年 2 月。
[15] 《第二回全国禹王祭禹王峰会》尾濑品川 2012 年 10 月。
[16] 田中健夫《勘合贸易》吉川弘文馆，2009 年。
[17] 杉原泽哉《中华图像游览》大修馆书店，2000 年。
[18] 武田恒夫《狩野派绘画史》吉川弘文馆，1995 年。
[19] 高木文惠《传统与革新京都画坛之精华狩野永岳》彦根城博物馆发行，2002 年。

余论
日本的禹王信仰现存形态及其现代价值

20世纪80年代初,在老一代领导人所开拓的中日友好交流活动推动下,我被公派留学日本。在考察《西游记》对日本影响的过程中,我开始关注大禹治水工具的原型——定海神针金箍棒,以及大禹与日本的关联。2006年,偶然听到日本开成町的露木顺一原町长提及足柄地区有座纪念大禹的石碑,我当即前往考察,并应邀参加当地市民的乡土研究活动。2013年,该民间乡土研究组织发动成立了日本治水神禹王研究会,地方文史研究家大胁良夫出任会长,佛教大学名誉教授植村善博为副会长。2010年起,在日本各地举办了六次大禹文化节。经该会2015年设置的禹王遗迹认定委员会考察鉴定,迄今为止在日本各地发现大禹信仰相关文物史迹共计142处,现考察仍在进行之中。

开成町位于邻近富士山的南足柄地区,拥有1726年建成的神禹祠(现名福泽神社),持续了300年的禹祭,刻有大禹别名的文命碑、文命中学等等。富士山和大禹是分别代表中日两国文化的象征,这无形中引发人们对东亚文化间相互接触、渗透、变化、融合的畅想。至少在公元5世纪初,被称为汉帝后裔的王仁从韩国来到日本,受命出任皇太子的老师。从此,他带去的《论语》等中国古典入主日本文化核心——皇室,成为日本的人文教材,汉字成为日本的文字。这意味着早在1600年前,汉字就成为日语的血脉,中国古代典籍就支撑着日本知识的骨架。直至今天,日本义务教育仍明文规定，必须教授和掌握2136个汉字。基于日本文化与中国文化之间的特殊"血缘"关系，日本读解中国知识的经验积累了千年之久，对汉字比其他国家具有更深的理解力。纵横古今的中日文化交融，自然延伸出共通的人文生态，润泽了遍布日本列岛的大禹信仰。

为使日本的大禹信仰得以深度拓展，2015年5月，笔者出任会长的第七届东亚文化交涉学国际学术会议特意选择在开成町召开。学会的主题是"亚洲的未来与责任"，专设"日本的大禹文化"分科会。来自七个国家的300多人参会。会议成果以中文、日文、韩文、英文的形式向世界各地传送，获得了日本天皇夫妇的赞扬。

在学会召开之前，天皇夫妇邀请我进入皇宫。他们真诚地告诉我，拙著《大禹和日本人》（日本NHK出版，2014年12月）使他们重温日中源远流长的文化交融，意识到自身的责任和使命，痛感只有坚持以史为鉴才有日本的未来；并感谢我对于日本大禹文化的指导，希望两国人民互动，促进世代友好。我也发自内心地表示，是日本这块土地上存在的大禹信仰教授我，是人文教养深厚的日本国民启发我，拙著才得以问世。我应该感谢日本和日本国民。我希望中日都重新审视和开启大禹文化这一链接点，为中日文化交流打造新一轮的发展。

我认为，皇室对大禹的崇敬源起对汉字和汉籍作为核心文化的选定。因为在古时，日本的必修教材《四书》《五经》中有31处提到大禹，大禹是标志圣德的标志。日本712年编纂的《古事记》序言以及720年完成的《日本书纪》等史书中也都将大禹与天皇进行比较。画在京都御所御常御殿隔扇画上的《戒酒防微图》，主题明显带有受到张居正《帝鉴》影响的痕迹。这幅画出自狩野派画家鹤泽探真（1834—1893）之手。而狩野派是日本绘画史上最大的画派，专注于中国的伦理、思想题材，并且将其全方位地体现于画中。

这幅以大禹为鉴的巨画与当今的日本年号一脉相承。当今天皇的年号叫"平成"，出自《尚书·大禹谟》，书中记述了大禹治水所达到的"地平天成"境界。1992年10月26日，首次访华的天皇夫妇参观西安碑林博物馆，目睹了《开成石经》中的"平成"字迹，时值中日关系正常化20周年纪念之际。830年刻成的《开成石经》被誉为"世界上最大、最重的一部书"，由114块石刻组成，共计65万余字。

由天皇亲自主导的日本早期治水工程始于1500年前。今天的富井县古时有一条名为九头龙川的大河，由于经年泛滥，当地民不聊生。于是，应神天皇的后人率民治水，获得了巨大成功，被拥戴为第26代天皇继位，史称继体天皇（450－531）。为纪念继体天皇的伟业，在俯瞰九头龙川的山巅，人们竖起了一座巨大的石像，石像附近有祭祀继体天皇的神社和刻有以大禹为楷模的石碑。

自古深受地震、水灾之苦的日本人民需要神明保佑扶助，而保障民生的工作首推抗洪防震，这也是联结皇室与国民的牢固纽带。于是，教科书中的大禹便落地日本，变身为日本民间信仰中的治水之神。

据治水神禹王研究会调查表明，大禹信仰的实物史迹形式多样，最早的禹庙建于1228年，名为京都鸭川禹王庙。现存最古老的膜拜物是1630年铸造的禹王金像，高约80厘米，现藏于名古屋德川美术馆。

尤其值得关注的是，在日本的大禹石碑中，有18处建于甲午战争至1972年期间。这说明大禹的和平内涵根植在风土民情之中。境外对大禹的信仰有力地证明，历史文化方面的共融共识能够先行于其他领域。大禹信仰的持久力揭示出应对现代生态文明的奥秘。大禹作用境外的史实对于唤起文化自觉、培养符合中国发展所需要的国际意识将起到生动的教材作用。让我们以境外大禹信仰为例，再一次重新认识境外和自身，与日俱进。

一、对于日本的大禹信仰的研究背景简介

本文是关于日本的禹王信仰[1]现存形态及其现代价值的案例研究。许多关注中国史的人都知道古代中国三圣君"尧、舜、禹"之名，其中"禹"被视为历代王朝中第一个王朝"夏"的创始者。他还是传说中成功治理黄河的治水领袖，是传说的主人公。由于他治理了中国文明母亲河黄河，故成为中国史早期重要历史人物。笔者认为这导致解构神话并将其视为历史人物的倾向近年来在中国越发强烈。

尧、舜之时洪水泛滥，大地荒芜。禹之父鲧受命治水，未能成功，其子禹继承了治水事业。儒家经典《论语》称赞禹为理想的仁德之王，说他投身治水8年，从未回过家。如"禹八年于外，三过其门而不入"（滕文公章句）所言，禹遍行全国治河，发展农业，为了实现民众生活富足而操劳。他从治水出发振兴天下。由于自身过着简朴的生活，故对禹的评价极高。

冈村秀典著作《夏王朝 王权诞生的考古学》（讲谈社，2003年）详细介绍了古代中国史，指出近年中国考古学的成果显著，中国权威观点认为夏王朝开始于公元前2070年，且夏商交替发生于公元前1600年。夏的中心城市河南二里头遗址得到了精心发掘，夏王朝的存在逐渐不容怀疑。与此同时，作为创建者的禹自然得到关注。

治水的事业与频繁泛滥相伴而生，一直未绝。每当此时，人们就会想起禹的功绩。现在，中国举国上下致力于中华民族的伟

大复兴，人们重新评价大禹，提倡大禹精神。

在日本，留存着大量尊崇禹为治水神并进行祭祀的遗迹。神奈川县地方史研究组织"足柄历史再发现俱乐部"是进行调查的源动力，2013年起通过治水神禹王研究会（会长：大肋良夫先生）的推动，研究活动逐渐在全国各地展开。

笔者关注"禹"在日本以治水神的形式成为信仰对象的实际情况。本文所涉调查是从2006年参加神奈川县文化振兴财团主办地域文化促进会[2]开始的。

神奈川县南足柄地区立于1726年的《文命碑》是第一例调查对象。碑文由田中丘隅（1662-1730）——因德川时代在民生和治水方面的功绩而为世人所知——执笔，荻生徂徕[3]润色。"足柄历史再发现"之前曾调查过此碑，笔者被其触动，在《朝日新闻》及2008年7月24日发行的《文艺春秋》第28号上呼吁全国读者共同调查各地禹王相关史迹。

现在，在治水神禹王研究会的推动下，截至2017年11月，共确认142处相关实物和史迹，几乎遍及全国所有都道府县。2010年11月，全国民间禹王研究者汇聚神奈川县开成町，召开了第1届日本全国禹王大会。第2届于2012年10月在群马县片品村[4]召开，第3届于2013年7月在高松市[5]召开并成立了治水神禹王研究会。第4届原定于10月17日至18日在广岛市[6]召开，但受到暴雨和泥石流灾害的影响未能实现。第5届于2015年9月在大分县臼杵市[7]召开。该市拥有日本唯一一块同源自中国的农业神后稷进行合祀的《大禹后稷合祀石碑》（1740年立）。第6届于2017年10月召开，举办地点是山梨县富士川町。

笔者所编论文集《作为相互探求的国际日本学研究　日中韩文化关系的诸相》（2013年3月，法政大学国际日本学研究所发行）

的封面使用了足柄地区的《文命碑》碑文照片,碑文中的"神禹"二字明晰可见。

竹内义昭摄 臼杵市《禹稷合祀之碑》[8]

在日本各地民众的支持下,关于日本禹王信仰形态的调查走上正轨,关于禹王信仰传播和变化的研究也得到逐步推进。本文希望通过尚不成熟的初期调查,指出治水神禹王信仰虽然成为了日本文化的一部分,但其深层中坚实地融入了"混成文化"特质。

"混成"一词出自老子《道德经》第 25 章"有物混成,先天地生"。关于日本文化的特质,青木保先生从文化人类学的视角提出了"混成文化"(《异文化理解》,岩波书店)。他还提取出了现代价值,并希望其能够成为建构日本和中国之间相互的"参照系"时所使用的参考资料。

另外,笔者曾于 2015 年 11 月在复旦大学日本研究中心主办的第 25 届国际会议"冷战后日本社会文化的变化及对中日关系的影响"上,以《验证:历史文化"接点"的相互作用及其现代价值》为题进行汇报,本文是其增订。

二、对大川三岛神社的天花板汉诗（静冈县东伊豆町大川温泉地区）的调查

1，大川三岛神社的中式风格建筑

三岛神社（俗称"大川三岛神社"）位于伊豆急行线伊豆大川站临海一侧东方 500 余米处，旁边是沿海国道。神社古色古香，小而规整。鸟居是新修筑的，沿参道石路行约 10 米就到了高数米的本殿前。

关于神社的成文资料几乎没有。山田稔先生是实际上的神官，他将神社的沿革重新整理并手写下来。据其文，三岛神社历史悠久，留存下来的上梁记牌显示最初的修复于 1454 年进行。神社的创建时间要更早一些。本殿正面保留着江户时代末期佛堂神宫雕刻名匠石田半兵卫于 1853 年所作作品，其创作构想明显是依据中国仙人和吉祥纹样等题材。据说现在的本殿是佩里来航之际所建，当时造价高达 350 万两，体现了大川地区的雄厚经济实力。

佛堂神宫雕刻匠人石田半兵卫是江户时代有名工匠之一。他出身于松崎町，父亲（上一代半兵卫）、长子（即后来的"小泽一仙"）、次子富次郎、四子德藏及德藏长子俊吉均为雕刻名匠。大川三岛神社的拜殿出乎意料地保留了多件半兵卫的代表作，还有一件名为"唐狮子"的代表作位于 1293 年至 1299 年间创建的净土真宗本愿寺派寺庙净感寺本堂中。这一过程还与同乡灰泥绘名匠入江长八（1815-1889）有关。

入江长八于 19 岁时前往江户，跟随狩野派画师学习，运用雕刻和泥瓦匠技巧，使用石灰和抹刀创造出独特艺术。1845 年再建净感寺时，他在弟子的帮助下创作了多处天花板绘画、雕刻和灰泥作品。为保护本地文化遗产，加之长八就葬于此处，1847 年完工的净感寺本堂后来改为"长八纪念馆"。寺里有长八之墓、纪念碑（艺术院会员结城素明画伯撰写碑文）和胸像（日展审查

员堤达男先生所作)。

　　石田半兵卫和入江长八的交集不仅限于同乡,二人还是松崎汉学家土屋三余(1815-1866)所办三余塾的同学。笔者注意到了二人及其师,也就是师生三人之间的共同点。三人都在江户学习过汉学。虽然程度不同,但三人在以汉学内容为基础的狩野派美术、雕刻和灰泥工艺上造诣颇深。他们是生活于江户时代、具有文人精神和共通教养的松崎名士一派。三人从江户回乡后,或为神社、寺院即地区文化中心创造作品,或培养塾生,成为了以汉文教养为主轴的时代精神传道者。笔者推测,在大川三岛神社的天花板上书写汉诗的行为,与这一时代背景相合。

　　关于这一江户时代的普遍性文化风潮,笔者在博士论文《宫泽贤治与中国》(国际言语文化振兴财团、2001年)第二章"走近长有'三个肉瘤'的圣人神农"(第183-197页)中谈及了入江长八美术馆。在那个时代,与禹王性质相同的神农信仰深入人心,入江长八雕刻了神农像。前述博士论文就这尊像的制作过程进行了调查。

　　笔者在这里想简单介绍与入江长八美术馆和神农像的相关调查。2000年,笔者为完成博士论文而查阅了宫泽贤治的阅读书目——当时宫泽贤治每逢进京时常常前往帝国图书馆(1906年建)。该馆从2000年起成为日本第一家国际儿童图书馆(International Library of Children's Literature)。当时笔者在展览介绍区看到了入江长八美术馆的传单,印刷在上面的神农雕刻坐像占据了极大版面。

　　后来由于入江长八美术馆的展览结束,笔者未能在展馆内看到神农像原物。不过,最后寻访到了雕像持有人、生于松崎的日本医学开拓者近藤平三郎(1878-1963)。笔者立刻到访了距离美术馆不远的近藤平三郎祖宅,入江长八所赠自作神农像就放置在床之间。这尊大体量雕刻高 33.0 厘米，宽 21.5 厘米，是 1875 年长八纪念花甲之年的作品。近藤的后人说，这件作品有时会借给入江长八美术馆进行展览。

2，大川三岛神社天花板的汉诗

　　大川三岛神社天花板的汉诗位于神社本殿天花板上人目可及之处。天花板由边长 50 厘米的正方形格子分割开来，这些正方形格子共七列九行，每个格子中依次写着一个汉字。所有字都可以清晰识读，据说这是因为昭和 2 年重新书写过，而原来江户末期的字已经消失了。

　　这首汉诗明显是歌颂尧、舜、禹三圣君的诗。天花板上的汉诗全文如下。

　　　书灵雕桶虎龙蹲
　　　性命元谁不裔绔
　　　剑玺朵秾如日月
　　　帝王万世照乾坤
　　　尧舜雨露何须让
　　　禹跡山川今尚存
　　　殿上白诗嗔父老
　　　落成灵庙着尘痕
　　　村恒题并隶

　　关于这首诗的日语译文及存疑之处，本文在最后"资料"部分介绍樱美林大学名誉教授植田渥雄先生的观点，供读者参考。

　　汉诗最后"村恒录并隶"一句是指木村恒右卫门作此诗并隶书。

木村恒右卫门家代代为大川地区的名主，世代承袭"恒右卫门"之名。其中最为出名的恒右卫门（本名：恒太郎）生于1834年，逝于1884年，是明治维新时的地区长，静冈县议会成立后曾当选议员。在天花板汉诗可能完成的年代，恒右卫门大约十来岁。因此山田宫司认为，天花板汉诗应当是上一代恒右卫门——当选县议会议员的恒右卫门之父（本名：重正）——所作。

另外，在天花板汉诗创作的年代，日后当选县议会议员的恒右卫门前往江户，跟随添川宽平学习。添川是儒学家，是赖山阳的弟子。恒右卫门此时虽然大约十来岁，但考虑到他后来的动向，应当已经长于汉诗，故天花板汉诗可能是父子合作。

木村恒右卫门是生于大川地区的大人物，因此木村家的旧址旁边立有彰显事迹之碑。现在是位于山麓的"竹之泽公园"，从神社向下俯瞰可见。仙台汉学家冈千仞（1832-1913）等人写作了长篇汉文记述其事迹，不过木村家的全部资料都已逸失。如果保留至今，那么应当多少提供些关于神社沿革的详情，也许还能确定汉诗的正确原文。

天花板汉诗吟咏了禹的治水成果。通过调查可知，大川地区是水灾及山体滑坡等自然灾害多发地区。这应当是将禹视为治水神进行歌颂的原因。自1958年狩野川台风以来，包括大川地区在内的伊豆虽无大规模灾害，但据说在此之前水害频发。

3，2015年元旦的大川三岛神社

笔者调查了2014年年末除夕三岛神社以及2015年元旦当地神社的状况。

自元旦早晨9时起，在大约一个小时中约有30人前来初诣。有的母亲带着将要在春天入学的小孩子前来参谒，还有挂着拐杖、满头白发的老人。山田宫司介绍，2014年初诣人数大约有300人。

可以说大川地区几乎所有人都来此参谒，其中还包括了很多住在别庄的人。

不过，在元旦 9 时至 10 时许这段时间里，没有一位前来神社初诣的人抬头看天花板上的汉诗，也没有人表现出对禹王的关注。也许是没有关注天花板的从容时间。其原因有待日后回访调查。

神社是民众聚集场所，而皇居则与具有权威的统治者挂钩。那里也有大禹——代表着中华文明影响以"混成文化"型日本文明的形式持续生存。笔者接下来考察京都御所中的大禹。

三、京都御所《大禹戒酒防微图》入主日本的脉络

本节部分内容于 2013 年 7 月在北京故宫研究院主办宫廷典籍与东亚文化交流国际学术研讨会上以《日本的大禹戒酒防微图小考》为题发表，并刊于该会议论文集《宫廷典籍与东亚文化交流国际学术研讨会论文集 2013》及《治水神禹王研究会志》创刊号（2014 年 4 月 1 日）。本文对其进行了增订修正。

1，京都御所《大禹戒酒防微图》与皇室文化

京都御所位于京都市中心的上京区，原本作为天皇的第二宫殿进行建造，自 1331 年至 1868 年间用于天皇日常起居。不过，随着幕府没落、王政复古，江户改名东京，明治天皇移居到了东京。

《大禹戒酒防微图》原样保留在京都御所的御常御殿。这是一幅表现酒祖仪狄向禹献酒的华丽隔扇画。从后醍醐天皇算起，到明治天皇为止，在京都御所生活的天皇共 28 代。也就是说，1331 年至 1868 年的 537 年间，历代天皇都与《大禹戒酒防微图》共同生活。（参考 P202）

现在的画是幕末时期御用画师、狩野派画家鹤泽探真（1834-1893）于1855年所绘（王敏摄影）。他继承了同为狩野派的父亲鹤泽探龙之技法，有《雨中鹭荷图》等。狩野派是日本绘画史上最大的画派，其繁盛期自室町时代中期（15世纪）至幕末（19世纪），长达400年。狩野派最大的特色是重视源自中国的伦理道德体系，并与日本特色技法和观赏习惯结合，受到各阶层的好评。还有《高宗梦赍良弼图》和《尧任贤图治图》两件京都御所隔扇画是描绘中国古代帝王的狩野派作品。它们分别出自座田重就和狩野永岳之手，与《大禹戒酒防微图》合称御常御殿隔扇画三图。

此处放置《大禹戒酒防微图》的目的极为明确，可以推知就是以禹为模范，继承自重、自尊、自戒、自勉、不懈向上的传统精神，期望成为声望与德行兼备的君主。这是来源于以中国古典圣王之仁德作为座右铭并用其规范日常行为的传统。根据《古事记》和《日本书纪》，5世纪初五经博士王仁从百济来到日本，担任皇太子菟道稚郎子的老师。当时所用教科书《论语》中多次提及了禹的行为。下面是《论语·泰伯第八之二十一》的原文和译文。

原文
子曰："禹，吾无间然矣。菲饮食而致孝乎鬼神，恶衣服而致美乎黻冕，卑宫室而尽力乎沟洫。禹，吾无间然矣。"

现代语译文
孔子说："禹这个人，我找不到非议他的地方啊。自己饮食菲薄，而对鬼神享祀丰洁；自己衣服蓝褛，而祭服华美；自己住房低湿，而尽力为民沟洫水道。禹这个人，我找不到非议他的地方啊。"

这是因为，自古以来天皇通过学习传入的大陆文化，传统上以源自中国古典的圣王之仁德为座右铭，用其规范日常行为。

顺德天皇（1210-1221 在位）所制古代典章制度研究著作《禁秘抄》（1221）也可作为一个例证。该书记录了天皇应当铭记的典章制度，同时也是必须遵守的行为指南，被视为天皇家的家训。《禁秘抄》写道，天皇修习学问的目的是通晓历代天皇行政事之法，以理念明确的政策维持天下太平。此书以中国帝王学教科书《贞观政要》（720 年以后成书）的言行录为基础进行编写。这表明，包含着中华文明要素的伦理道德自古渗透进入皇室文化，作为日本文化的一部分传承至今。

另外，日本的风土是使得禹从众多圣贤中脱颖而出的主要原因。众所周知，日本自古以来苦于地震和水灾，为实现民间太平，防范洪水和地震是最为要紧的任务。因此江户时代前京都鸭川四条大桥和五条大桥一带存在数座禹王庙，大胁良夫和植村善博将相关调查写入了《寻访治水神之旅》（人文书院，2013 年，第 7 页）。而且在原始的农业生产时代，对于统治阶级来说，禹既是祈愿庇护之神，又是拥有超人技能的科学家。恐怕日本断定禹所采用的改善排水式治水方法亦适用于本地，选择了其在大陆上成功的经验作为样本。

这样的形象同日本古典所描绘的天皇行动重合，可以从中析出天皇需要具备的素质。这里将相关古典的标题分为两大类进行列举。

①关于大德君主之书
《古事记》、《三教指归》、《性灵集》、《徒然草》、《太阁记》、《折

焚柴记》、《政谈杂话》、《独寝》、《都鄙问答》等。

②赞扬治水功绩之书

《三壶记》、《政谈杂话》、《诽风柳多留》、《风来山人集》、《地方凡例录》等。

不论如何,通过分析自古以来种种禹同皇室之间的联系,可理解御所隔扇画选用《大禹戒酒防微图》的必然性。在天皇日常生活空间中展现大尺寸禹王图并明确阐述相关典故说明,以中国古代圣人为模本的日本皇室文化中存在着进取精神和对民生的敬虔。

2,年号与禹王

平成天皇同禹的关系更为密切。平成的年号参考了《尚书·大禹谟》中的"地平天成"一句。土地安定为"平",万物丰收为"成",这短短四字昭示了古代贤王为政的目标和理想。禹是切实担当责任、采取实际行动改善现状的贤王,这大概就是崇信他的原因。

《开成石经》被称为是"世界上最大、最重的书",共有114方石刻,总计65万余字,于唐文宗太和4年(830年)完成。所收录《周易》、《尚书》等十二经中自然也有《尚书·大禹谟》的主人公禹。1992年10月26日上午11时,天皇夫妇初次访华,到访西安碑林博物馆,亲眼看到了《开成石经》,得知找到了"平成"文字的位置。此时正值中日邦交正常化20周年。

2013年冬天,根据天皇生日讲话制作的NHK电视节目中,天皇谈了关于日本身处自然灾害中的感想,令人难以忘怀。NHK还同时制作了介绍"平成"词源的纪录片。2014年4月21日,皇太子到访千叶县佐仓市的国立历史民俗博物馆,参观了介绍日本从古至今地震灾害的专题展览《历史中的震灾》。

最早记述禹的日本文献是编纂于712年的《古事记》序。其中将元明天皇的功绩同禹进行比较，这是将禹视为地区发展参照系的重要佐证。

其文大意是："时元明天皇之名高于夏之文命，德优于殷之汤王"。女帝元明天皇在位时间是707年至715年。

720年成书的《日本书纪》在孝德天皇（645-654在位）条中引征禹王之德，以此赞美孝德天皇。其中明确体现了对于禹王的认识，将"平成"定位年号的意图也极为明了。

总体上看，大约在汉籍传入日本之时，皇室就在很大程度上了解了禹。可以说，禹进入日本，依托帝王学、帝王图鉴的传入得到广泛扩散。随着禹在日本的时日累加，作为可以依赖的治水神这一特点愈发明显，不知不觉间成为了日本的信仰对象，禹王信仰逐渐在日本扎下根来。

3，京都御所《大禹戒酒防微图》所借鉴的中国古典

现在京都御所御常御殿的隔扇画《大禹戒酒防微图》以宝永6年（1709年）作品为底本。如前文所言，狩野派御用画师于幕末完成，而且借鉴了明后期1573年刊行的《帝鉴图说》。《帝鉴图说》为明代内阁首辅张居正所编，是用来对年仅十岁的幼年皇帝神宗（万历皇帝）朱翊钧进行帝王教育的启蒙书。隆庆6年（1572年）成书后，根据唐太宗所言"以古为鉴"而命名为《帝鉴图说》。文中有117幅插图，受到小皇帝喜爱。

《帝鉴图说》分为上下两篇。上篇题为《圣哲芳规》，收录自尧、舜至唐宋23位古代帝王"其善可为法者"事迹81则。下篇题为《狂愚覆辙》，收录夏商周三代以下20位帝王"恶可为戒者"恶行36则。"戒酒防微"的故事是《圣哲芳规》的第六则，该书

所用《大禹戒酒防微》插图与京都御所御常御殿的隔扇画场景极为相似。

此书原本今藏台北故宫博物院，在大陆逐渐实现影印出版。日本国立国会图书馆收藏了此书。其中与《大禹戒酒防微图》有关的插图共有《揭器求言》、《戒酒防微》和《下车泣罪》三幅。

由于具有简洁易懂的崭新表现形式，明刻插图本能够向周边传播，广受欢迎。日本对其进行了全方位吸收，仿照中国版《三才图会》编撰《和汉三才图会》的过程就体现了这一情况。

《三才图会》原是明人王圻同其子王思义所编百科全书式的类书，含有多幅插图。此书成书于万历年间，共108卷，帝王图鉴部分内容被收录于人物卷中。日本在此基础上新编辑《和汉三才图会》，于1712年刊行。其中第15卷设中国帝王图鉴一栏，介绍了日本关于禹王的碑文。下图是寺岛良安著、远藤镇雄编《日本庶民生活史料集成》第28、29卷《和汉三才图会》卷15（三一书房，1980年，第296页）所录禹王碑文。若是展开联想，那么过去应当有很多地方进行像模像样的禹王信仰祭祀。

可以想象明刻本古籍大量流入日本，被有效运用于江户时代的儒学和寺子屋普及过程中。

图 大禹碑铭

四、时代精神和禹王信仰的现代价值

1，江户时代的精神性与禹王信仰

信仰的主体是民众。民众所规定的精神方向性经常同皇室、统治阶级进行联动，这是日本的特征。之所以这么说，是因为史实表明，以皇室为首的统治阶级一直牵引着精神文明的启蒙和推进。16世纪以来西洋文化传入之前，以皇室为中心的主流社会教养基本上建立在中国古典汉文的基础之上。可以说，由于中日之间具有这样一种特殊的文化关系，中华文明得以在江户时代有效推动了日本的发展，德川政权在精神方面发扬了其精华。其成果体现于各种政策中，并促进了藩校的兴盛。全国各地都隆重地举行极为相似的儒学相关祭祀。由于长期以来这方面的研究层出不穷，本文在此略去不谈。

与江户的时代精神相合，各地都进行禹王祭祀。目前可推知日本最早的禹王祭祀是1228年在京都鸭川岸边所建"夏禹王庙"。其详细情况可参见大胁良夫和植村善博的《寻访治水神禹王之旅》（2013年，人文书院）。现在虽然尚未发现相关遗迹，但既然以庙的形式存在，就应当以某种形式进行祭祀，有必要进行考证。

形成禹王祭祀和信仰的原因之一，是和刻帝王图鉴中采用的人物并非日本本国的天皇或将军，而是诸如《大禹戒酒防微图》中所见中国圣君。与《论语》等经典相同，日本人对古代中国的贤人政治怀有憧憬。而且比起抽象的圣人，他们更多地接受了有"治水"之功的"禹王"，将其奉为身边的"神"。从北海道到冲绳，禹王相关的史迹遍布各地，这表明日本民众创造出了与禹共存的生活文化土壤。

同时代日本人所作帝王图鉴不胜枚举。它们全都是江户时代的精神结晶。下图引自《和汉绘本魁初篇》。

这种现象与当时儒学渗透及民众需求有关。特别是对于帝王图鉴或圣贤图的需求，同江户时代以尊王思想和儒学为中心发展出来的价值观、以及为了统一内政而竭尽全力的官学结构是相互重叠的。自不必说，日本人并非只在这类经典中遇到禹。这是因为江户时代的精神滋养了这个时期的文明。过去的日本人拥有中华文明式的教养，其程度之高今天甚至难以想象。可以说直到不久以前，日本人与汉文、禹王关系出乎意料地紧密。

2，日本的自然风土必然需要禹王信仰

简要分析一下推测出现于江户时代的禹王史迹全国分布情况。根据大胁良夫和植村善博的《寻访治水神禹王之旅》(2013年，人文书院）总结出以下表格，本文最后部分以一览表的形式介绍用于分析的资料依据。

禹王史迹全国分布——德川时代所建

地区	建造年份	史迹名称	都道府县名
关东	江户期	禹庙	栃木县
关东	1849	大禹像碑	埼玉县
关东	1708	文命圣庙	埼玉县
关东	1721	河村君墓碣铭并序	神奈川县
关东	1726	文命东堤碑及文命宫、文命西堤碑及文命宫	神奈川县
中部	1797	富士水碑	山梨县
中部	1752	禹余堤、禹余石	长野县
中部	1838	禹王木像	歧阜县
中部	1837	禹王像画挂轴	歧阜县
中部	江户期	"禹王san"	歧阜县
中部	江户末期	大禹王尊挂轴	歧阜县
中部	1819	水埜士惇君治水碑	爱知县
近畿	1719	夏大禹圣王碑	大阪府
近畿	1674	岛道悦墓碑	大阪府
近畿	1753	小禹庙	大阪府
近畿	1823	金坂修道供养塔碑	兵库县
四国	1637	大禹谟	香川县
九州	1819	明春寺钟铭	佐贺县
九州	1740	禹稷合祀之坛及大稷后合祀碑	大分县
九州	1740	禹稷合祀碑记	大分县
九州	1838	不欠塚	大分县
九州	1859	水天之碑	鹿儿岛县

※ 不含美术馆、御所所藏禹王挂轴及雕像等。

除去收藏于美术馆和御所的禹王挂轴、雕像等，全国共发现约 22 件史迹，其中关东 5 件、中部 7 件、近畿 4 件、中国[10]及四国 1 件、九州 5 件。由此可知这 22 个地区在现实中受到了水灾的威胁。

应对这些现状时，禹王信仰在精神层面上起到了作用。如果改变视角，可以看到江户时代中日之间的文化关系，即开发共有"知识"的历史积累，将禹王信仰的作用投射到应对灾害的政策中。

日本被称作灾害博物馆，经常遭遇天灾人祸。特别是河流涨水引发的水灾和山体滑坡，每年都有不少人因此失去宝贵的生命。当代灾害频发，故不难想象自古以来列岛上的人们更频繁遭灾。所以他们若是想做些什么，自然会注意到在中国大地上成功治水的人，也一定会读到传入日本的司马迁《史记》中所记述的大禹事迹。即使是在江户时代结束之后，也为大阪淀川治水、广岛市太田川治水、爱知县木曾川治水树立了纪念碑。

笔者反复强调，日本一直承受自然灾害之苦，其中江户时代的受灾情况极为严重。例如广岛市安佐南区佐东町的《大禹谟》位于太田川右岸，其背面有如下碑文。

"蕴藏人生悲欢的太田川 清澈的流水极大地滋养了我们町的政治、经济、文化，给我们和父祖的生活带来富裕和安宁。但是长年的浊流创造了人们与水斗争的苦难史。元和、宽永、承应、嘉永、明治 7 年、明治 17 年、大正 8 年、大正 12 年、大正 15 年、昭和 18 年、昭和 20 年的水祸严重，特别是在承应 2（1653）年的洪水中有 500 余人丧生。昭和 18（1943）年的大洪水距今不久，八木村、川内村、绿井村决堤，浊水流入全村，夺走了许多宝贵的生命，带来了严重的财产损失，其悲惨状况难以用语言形容。

居民深苦于水患。当时以三村的财政力量,无法建设基础性的治水设施。幸运的是,通过居民的努力,自昭和 7 年起获得国家经费进行翻修,经过 40 年辛苦劳动,投入 30 余亿日元,终于完成了太田川中游部分的改修,又于昭和 44 年 3 月实现了人们迫切期盼的旧河截流,近来还建成了高濑堰。父祖的努力和我们的愿望历经多年终于结出硕果,成就伟业,全町欢喜,正如夏禹王之远略,立《大禹谟》,思太田川之历史,称颂治水大业。昭和 47 年 5 月 20 日佐东町长 池田早人"

此碑立于 1972 年,相对较新,但其背负的治水历史则极为深重,即以江户时代为中心的受灾史、受难史。改善生存环境的愿望通常会成为对治水成果的期待。遍布日本全境的禹王崇拜史迹展现了民众同禹王的相互依存关系,使我们得以一窥建构了治水信仰民俗土壤的风土。

3,禹王信仰及其研究的现代价值

中日文化关系在世界文明史中也是极为紧密的。5 世纪前后,日本借用汉字,推进了以汉字文明为核心的发展战略,形成了基于汉文的价值观和教养基础,在江户时代开出了绚烂的花朵。自不必说,大川三岛神社与京都御所《大禹戒酒防微图》就是江户时代的两朵奇葩。

在整理日本部分禹王研究成果时,笔者从史学角度梳理了(目前)已知最早的相关文物和记录。

①日本最早的禹王庙

1228 年京都鸭川禹王庙,今已不存。多份文献中出现"夏禹王庙"的记载,可知京都四条、五条之间的禹王庙一直延续至江户时代前期。

②日本现存最早的禹王碑、像

1637年香川县高松市《大禹谟碑》

1630年铸造禹王金像。高约80厘米，现存于名古屋德川美术馆。

③日本最早的文献记录

712年编纂《古事记》序

720年成书《日本书纪》中亦有记载。

④日本最早的禹王祭祀

据禹王研究会的调查研究，1228年京都鸭川所建"夏禹王庙"应举行某种形式的祭祀，但仍需考证。

⑤治水神禹王研究会的调查表明至今各地约有10种禹王祭祀，不过仍需进一步调查。

笔者已经指出"混成性"是有史以来日本文化的特征。与西洋宗教及宗教观不同，日本吸收了种种东亚宗教和信仰的元素，形成了混成式信仰文化。禹王信仰及相关仪式、祭祀、习俗就是其证据之一。在民间信仰领域，也可看到中日韩等汉字文化圈内持续相互渗透的史实。这一事例可以看成禹王信仰生成背景的象征。从这个角度进行推测，或许可以期待着通过深化彼此间对己、对他认识，助力相互理解。

例如通过关于禹王信仰的调查和分析获知，信仰能够超越战火而延续下来。截至2014年7月，日本各地出现了至少142处相关寺庙、神社以及石碑，其中有18例可确认是甲午战争以后所建。

1894-1972年78年间18处遗迹年代一览（大胁良夫制表）

年代	遗迹名称、提及禹的"刻字"	所在地（水系、县名）	中日关系大事
1895	船桥随庵水土功绩之碑 "大禹圣人"	利根川、千叶县野田市	1894-1895年 甲午战争 1898年 列强瓜分中国 1899-1901年 义和团运动
1896	筱田、大岩二君功劳记功碑 "神功禹跡"	日野川、鸟取县伯耆町	
1897	川村孙兵卫纪功碑 "神禹以后唯有公"	北上川、宫城县石卷市	
1900	禹功德利 "其业何为让禹功"	木曾川、爱知县爱西市	
1908	禹功门	揖斐川、岐阜县养老郡	
1908	川口修堤之碑 "呜呼微禹，吾其鱼乎"	旭川、冈山县冈山市	1911年 辛亥革命 1912年 清朝灭亡 1915年 日本向中国提出"二十一条"
1909	淀川改修纪功碑 "以称神禹之功"	淀川、大阪市都岛区	
1912	九头龙川修治碑 "称功轶神禹矣"	九头龙川、福井县福井	
1919	禹王之碑 "禹王之碑"	利根川、群马县沼田市	
1923	治水翁碑 "是颉顽神禹功"	淀川、大阪市四条畷市	

1923	大桥房太郎君纪功碑"大禹之治水哉"	淀川、大阪市四条畷市	
1923	西田明则君之碑"大禹治水"	东京湾、神奈川县横须贺市	
1924	黄檗高泉诗碑"何人治水功如禹"	桂川、京都市西京区	
1928	句佛上人句碑"胜禹之业,心之花盛"	信浓川、新潟县燕市	1931年 "九一八"事变 1932年 "满洲国"宣布"建国" 1937年 卢沟桥事变、中日战争全面爆发、南京大屠杀
1936	砂防记念碑"开荒成田 禹绩豹功垂"	鱼野川、新潟县南鱼沼群	
1937	古市公威像"不让大禹疏凿之功"	东京大学正门、东京都文京区	
1954	大榑川水门改筑记念碑"禹功门"	揖斐川、岐阜县养老郡	
1972	大禹谟"大禹谟"	太田川、广岛县广岛市	1972年 中日邦交正常化 1978年 中日签订和平友好条约 1977年 文革结束 1992年 中韩建交

另外,截至目前所确认的与禹王名字相关的碑在日本国内有30余处,含禹王名字的地名或碑文今存近30例。它们大多位于河边,禹王毫无疑问是保护乡村免受水灾的守护神即"治水神"。禹王信仰绝不是过去的遗产,而是作为生活的一个方面与现代人进行互动,在社会中"共存"。

笔者认为,禹时至今日仍然具有生命力,可以成为青少年的公共教养的教材。中国的教科书中当然有禹。例如人民教育出版社发行的历史教科书中介绍了他的治水业绩以及在中国历史中的地位,语文教科书中也收录了介绍大禹治水之功的文章和《史记》大禹选段(江苏教育出版社版)。在日本,山川出版社的《世界史》简短提及了禹治水之功,国语教科书(高校《古典 汉文编》及大修馆书店《古典讲读》等)也在"鼓腹击壤"等典故的注释中介绍了禹。神奈川县开成町的小学位于文命西堤的文命宫与文命碑（神奈川县）附近，采用前述地方史学者的调查组"足柄历史再发现俱乐部"制作的町史册子作为辅助教材，其中记述了禹王纪念碑及禹王治水之功。这些例子表明，禹在许多方面成为了中日两国共有的文化遗产和教育素材。

"禹"成为了中日两国共有的文化遗产，这就要求我们通过"再次发现"禹王信仰，以禹为例穿针引线，进行以青少年为主体的"中日间相互学习"。

五、日本禹王信仰研究的课题

我们可以看到有关禹王信仰的时代框架的重要性。通过考察此种在现代人日常中的生活化信仰，实现生成、延续包括禹在内共同知识的核心"媒介"逐渐显现了出来。这就是汉字。通过深化认识，可知汉字是使得共同知识实现永久连锁循环的船舵。禹王信仰连接起来的不只是古典汉字文化圈，现代人的生活也建立在其基础之上。因此，关于禹王信仰的研究进展可以理解为是连接未来的一个"交点"。

汉字文明对日本文明的产生起到了极为深刻的影响，这是自古以来的共识。但是，在经历千余年历史文化变迁后的今天，其"古典的"一面是否仍旧存在？对其认识的程度深浅是否出现变化？思考"混成文化"的存在价值和意义时，这些课题值得讨论。

另一方面，日本列岛位于亚欧大陆东端，从先史时代以来一直处在吸纳异邦人的位置上。移居列岛的人们自然使得多种文化在此集聚，其结果是促成多样文化在列岛上进行融合，生成了新型文化。如何走近这种"混成文化"型的日本文化？其道路自然也得是多样的才行。因此，笔者期待着国内外共同分析和确认必要的研究课题。

近年来，日本的"禹王信仰"在亚洲各国受到了关注。禹是中国最早王朝夏朝的王，在中国长期作为治水的领袖受到尊敬。在日本，自第 26 代继体天皇进行九头龙川治水以来，《古事记》、《日本书纪》等大量记录了各个时代的重要治水活动，禹王也被视为治水神。据治水神禹王研究会的调查，位于神奈川县南足柄地区的福泽神社在长达 300 年的时间中一直举行禹王祭祀。对全国 39 地禹王信仰相关史迹文物 142 处进行的调查结果实现了公开。禹王信仰一直存在于现代日本，笔者的初期调查表明其部分特征与其他亚洲国家相似。

通过日本的禹王信仰，可以明确"混成文化"的特征，也能够验证被日本文化所吸收的不同地方文化之间的联动。笔者期待着这将成为日本文化的对外表达的新案例。通过对禹王信仰现存形态及其现代价值的解析，挖掘出更为深刻的课题和参考事例，应能促进作为汉字文明一翼的日本研究。关于这一观点，笔者在 2014 年由 NHK 出版的拙著《禹王和日本人》等论述中已作阐述，在此不再赘言。

参考文献

王敏:《禹王与日本人》，NHK 出版，2014 年。

王敏:《汉魂与和魂》，中国世界知识出版社，2014 年。

王敏:《汉字链接的东亚"生活共同体"》《5 传统文化"生活共同体"》，松冈正刚编:《NARASIA 东亚共同体》，丸善，2010 年 6 月 15 日，第 393-395 页。

王敏:《日中韩历史文化共有性——东亚文化圈的交点》,《国际日本学是什么？ 东亚中的日本文化——日中韩文化关系的诸相》，法政大学国际日本学研究中心，2013 年 3 月 29 日，第 438-441 页。

王敏:《(我的视角)中国人观光客 在地方进行文化观光交流》,《朝日新闻》,2010 年 8 月 2 日。

王敏:《日中韩共福的原点——东亚"公共教养"与"公共哲学"的基础》,《公共的良识人》11 月号, 2012 年 11 月。

王敏:《"治水神"日中间的桥梁 寻找古代中国之王"禹"》,《朝日新闻》, 2013 年 6 月 17 日。

大胁良夫、植村善博:《寻访治水神禹王之旅》, 人文书院, 2013 年 5 月。

新井白石:《折焚柴记》, 桑园武夫编:《日本的名著 15 新井白石》, 中央公论社, 1983 年。

荻生徂徕:《政谈》, 尾藤正英编:《日本的名著 16 荻生徂徕》, 中央公论社, 1974 年。

田中健夫:《勘合贸易》,《对外关系史辞典》, 吉川弘文馆, 2009 年。

杉原拓哉:《中华图像游览》, 大修馆书店, 2000 年。

武田恒夫:《狩野派绘画史》, 吉川弘文馆, 1995 年。

高木文惠:《传统与革新 京都画坛之华 狩野永岳》, 彦根城博物馆发行, 2002 年。

资料 1 樱美林大学名誉教授植田渥雄先生所录大川三岛神社天花板汉诗(静冈县东伊豆町大川温泉地区)及译文、分析

天上汉诗

画棍雕桶虎龙蹲

性命元谁不裔绔

剑玺朵秋如日月

帝王万世照乾坤
尧天雨露何须让
禹跡山川今尚存
殿上白诗嗔父老
落成灵庙着尘痕
村恒题并隶

装饰着绘画和雕刻的窗棂、柱子上虎龙蹲踞。
生命源头如裳裾一样散开，没有人不是其后裔。
玉剑和玉玺（王位的象征）像日月一样带来秋天的丰收。
帝王经历万世，照耀着天地。
尧所带来的雨露恩惠无物可拒。
禹的功绩所造就的山川时至今日毫无变化。
现在我在天花板写下这样的进献诗，也不会受到村中的长老的呵斥吧。
（我毕竟）在精心建造的灵殿上留下了尘污。

【形式】

七言律诗。平起式，元韵。押韵和平仄存在两处问题，其他均合规。

【疑问】

"雕桷"的"桷"是何物？我认为不是"桷"，不过没有读懂。也许是"樋"。不过"樋"上能否装饰绘画及雕刻？如果看到了现存状况应该能够获得启示。我最终将其试译为"柱子"，但无自信。[11]

资料2

日本禹王遗迹一览　　治水神禹王研究会禹王遗迹认定委员会编（截至2016年10月10日调查结果。2019年4月调查结果显示，全日本相关文物已达142处。）

地区及编号　A: 北海道及东北，B: 关东，C: 中部，D: 近畿，E: 中国及四国，F: 九州及冲绳

地区及编号		遗迹名	年代等		所在地	河流名等	总序
A	1	禹甸庄碑	1988	昭和	北海道	千岁川支流脸渕川	1
A	2	川村孙兵卫纪功碑	1897	明治	宫城县	旧北上川	2
A	3	大禹谟	2001	平成	秋田县	矢岛（历史交流馆）子吉川	3
A	4	大町新渠碑	1880	明治	山形县	相泽川	4
A	5	大禹之碑	1862	江户	宫城县	鸣濑川	5
B	1	禹庙	江户期	江户	栃木县	鬼怒川	6
B	2	大禹皇帝碑	1874	明治	群马县	片品川	7
B	3	禹王之碑	1919	大正	群马县	利根川水系泙川	8
B	4	大禹像碑	1849	江户	埼玉县	江户川	9
B	5	文命圣庙	1708	江户	埼玉县	元荒川	10
B	6	船桥随庵水土功绩之碑	1895	明治	千叶县	利根川	11
B	7	古市公威像	1937	昭和	东京都	（东京大学正门）	12
B	8	大禹画像（历圣大儒像）	1632	江户	东京都	（林罗山邸汤岛圣堂）	13
B	9	人力车发明记念碑	1900	明治	东京都	台东区谷中（长明寺）隅田川	14
B	10	西田明则君之碑	1923	大正	神奈川县	东京湾	15
B	11	河村君墓碣铭	1721	江户	神奈川县	镰仓（建长寺）	16
B	12	文命东堤碑、文命宫	1726	江户	神奈川县	酒匂川	17
B	13	文命西堤碑、文命宫	1726	江户	神奈川县	酒匂川	18
B	14	神浦堤成绩碑	1870	明治	茨城县	利根川水系小贝川	19
B	15	导水遗迹碑	1806	江户	栃木县	小贝川水系元川	20
B	16	幸田露伴文学碑	1990	平成	东京都	江户川	21
B	17	新梁之碑	1866	江户	埼玉县	旧利根川	22
B	18	白井小卫门高须堤回向碑	1826	江户	茨城县	梶无川	23
B	19	小久保喜七君颂德之碑	1926	大正	茨城县	利根川	24
B	20	渡良濑川治水纪功碑	1926	大正	茨城县	渡濑良川	25
B	21	堤记	1726	江户	神奈川县	酒匂川	26
B	22	文命御宝前（手洗钵、东堤）	1727	江户	神奈川县	酒匂川	27
B	23	文命大明神御宝前	1727	江户	神奈川县	酒匂川	28
B	24	奉再建文命社御宝前（东堤）	1807	江户	神奈川县	酒匂川	29

B	25	文命桥	1931	昭和	神奈川县	酒匂川	30
B	26	文命用水碑	1936	昭和	神奈川县	酒匂川	31
B	27	文命隧道（额碑）	1933	昭和	神奈川县	酒匂川	32
B	28	开成町历文命中学校	1947	昭和	神奈川县	酒匂川	33
B	29	新文命桥（文命隧道出口）	1971	昭和	神奈川县	酒匂川	34
B	30	文命桥（文命隧道入口）	1983	昭和	神奈川县	酒匂川	35
B	31	文命御宝前	1727	江户	神奈川县	酒匂川	36
B	32	文命堤床止工	1971	昭和	神奈川县	酒匂川	37
B	33	关东大震灾记念碑（西堤）	1924	昭和	神奈川县	酒匂川	38
B	34	文命用水放水门		昭和	神奈川县	酒匂川	39
C	1	富士水碑	1797	江户	山梨县	富士川	40
C	2	禹除堤、禹除石	1752	江户	长野县	天龙川	41
C	3	句佛上人句碑	1928	昭和	新潟县	信浓川	42
C	4	砂防记念碑	1936	昭和	新潟县	鱼野川	43
C	5	九头龙川修治碑	1912	明治	福井县	足羽川	44
C	6	和田光重之碑	1879	明治	岐阜县	揖斐川水系牧田川	45
C	7	禹王木像	1838	江户	岐阜县	揖斐川	46
C	8	禹像画挂轴	1838	江户	岐阜县	揖斐川	47
C	9	禹王 san 灯笼	江户期	江户	岐阜县	揖斐川	48
C	10	大禹王尊挂轴、同祠堂	江户期	江户	岐阜县	揖斐川	49
C	11	禹功（闸）门	1903	明治	岐阜县	大榑川	50
C	12	大榑川水门改筑记念碑	1954	昭和	岐阜县	大榑川	51
C	13	禹功德利	1900	明治	爱知县	木曾川	52
C	14	水埜士惇君治水碑	1819	江户	爱知县	庄内川水系新川	53
C	15	禹金像	1631	江户	爱知县	（德川美术馆）	54
C	16	大塚邑水路新造碑	1797	江户	山梨县	笛吹川	55
C	17	加治川治水碑	1913	大正	新潟县	阿贺野川水系加治川	56
C	18	禹泉江、禹泉用水	1716-1735 江户		新潟县	加治川	57
C	19	岸本君治水碑	1856	江户	新潟县	国府川	58
C	20	足羽宫之碑	1830	江户	福井县	足羽川	59
C	21	金森吉次郎翁寿像记	1923	大正	岐阜县	揖斐川	60
C	22	大禹谟	2004	平成	三重县	伊贺上野（正崇寺）木津川	61
C	23	大川三岛神社拜殿天花板汉诗	1853	江户	静冈县	东伊豆町（大川三岛神社）	62
C	24	关田岭修路碑	1849	江户	新潟县	上越饭山线县境	63
C	25	禹之濑河道整正事业竣工之碑	1995	平成	山梨县	富士川	64
C	26	地平天成碑	1997	平成	岐阜县	木曾川水系四目川	65
C	27	大禹圣王庙碑	1809	江户	长野县	天龙川	66

C	28	天流功业义公明神碑	1809	江户	长野县	天龙川	67
C	29	大洼邨中邨氏垦田砚记碑	1792	江户	长野县	天龙川	68
C	30	金森吉次郎墓碑	1930	昭和	岐阜县	揖斐川	69
D	1	禹王庙（今不存）	1228	镰仓	京都府	鸭川	70
D	2	大禹戒酒防微图（隔扇画）	1855	江户	京都府	（京都御所）鸭川	71
D	3	黄檗高泉诗碑	1924	大正	京都府	桂川	72
D	4	夏大禹圣王庙	1719	江户	大阪府	淀川	73
D	5	澱河洪水纪念碑铭	1886	明治	大阪府	旧淀川（大川）	74
D	6	修堤碑	1886	明治	大阪府	淀川	75
D	7	明治戊辰唐崎筑堤碑	1890	明治	大阪府	淀川	76
D	8	淀川改修纪功碑	1909	明治	大阪府	淀川	77
D	9	岛道悦墓碑	1674	江户	大阪府	旧中津川（淀川）	78
D	10	大桥房太郎君纪功碑	1923	大正	大阪府	淀川水系寝屋川	79
D	11	治水翁碑	1923	大正	大阪府	淀川水系寝屋川	80
D	12	小禹庙	1753	江户	大阪府	大和川	81
D	13	金坂修道供养塔铭	1823	江户	兵库县	加古川水系柏原川	82
D	14	长松屋台之露盘	2010	平成	兵库县	姬路（鱼吹八幡宫）揖保川	83
D	15	益田池碑铭并序（复刻）	1900	明治	奈良县	高取川	84
E	1	修堤之碑	1908	明治	冈山县	旭川水系诞生寺川	85
E	2	筱田、大岩二君功劳记功碑	1896	明治	鸟取县	日野川水系	86
E	3	大禹谟	1637前后	江户	香川县	香东川	87
E	4	大禹谟	1972	昭和	广岛县	太田川	88
E	5	大町村用水釜之口石文	1852	江户	爱媛县	加茂川	89
E	6	潮音洞	1681	江户	山口县	锦川支流涩川	90
E	7	鳄石生云碑	2014	平成	山口县	椹野川	91
E	8	禹余粮石			冈山县	足守川	92
F	1	明春寺钟铭	1819	江户	佐贺县	嘉濑川	93
F	2	禹稷合祀之坛	1740	江户	大分县	臼杵川	94
F	3	禹稷合祀之碑，同碑记	1740	江户	大分县	臼杵川	95
F	4	不欠塚	1838	江户	大分县	臼杵川	96
F	5	水天之碑	1859	江户	鹿儿岛县	大浦川	97
F	6	区画整理竣工之碑	1989	平成	鹿儿岛县	大浦川	98
F	7	宇平桥碑	1690	江户	冲绳县	长堂川	99
F	8	宗像坚固墓碑	1884	明治	熊本县	方原川	100
F	9	一田久作墓志（现不存）	1772	江户	福冈县	远贺川	101

日本禹王地名一览

地区及编号		遗迹名	年代等		所在地	河流名等	
A	1	禹父山（地名）	江户期	江户	福岛县	阿武隈川	1
C	1	禹之濑			山梨县	富士川	2
E	1	禹余粮山			冈山县	足守川	3

日本禹王文字遗物一览

地区及编号		遗迹名	年代等		所在地	河流名等	
C	1	奉纳北越治水策图解	1898	明治	新潟县	弥彦神社	1
C	2	禹门之额			富山县	黑部川第四发电所	2
E	3	禹门之额（复制）			兵库县	太田垣士郎翁资料馆	3

注：本章原文用日语写成，2018年3月发表在法政大学国际日本学研究所发行的《国际日本学》15卷P3-33。日文题目是〈日本における禹王信仰の現存形態及びその現代的価値：日中間の歴史的文化的関係の一案例〉。译者为清华大学历史系博士生徐仕佳。

---

1 日本将崇拜大禹的文化现象称为"禹王信仰"，相当于中文语境中的"大禹信仰"。——译者注
2 在2006年秋天举行的21世纪神奈川圆桌会议"地球与地区的相互作用之道"上，邻座来自神奈川县开成町的露木顺一町长（时任）介绍说，开成町这一地名来自中国古典《易经》，该町同南足柄地区的交界处上有石碑《文命碑》，是与中国古代史大禹治水密切相关的地方治水纪念史迹。
3 荻生徂徕（1666-1728），江户中期儒学家、思想家。他是德川幕府第五代将军纲吉的知己。当地地方史研究会"足柄历史再发现俱乐部"进行调查，部分阐明了他同《文命碑》之间的关系。
4 片品村位于群马县东北部，临接尾濑国立公园。片品川边有立于1874年的《大禹皇帝碑》。
5 高松市是四国地区香川县县厅所在地，是四国的政治经济中心。栗林公园中有立于1637年的《大禹谟》碑。
6 广岛市位于中国地区（日本的中国地区位于本州岛西部，包括鸟取县、岛根县、冈山县、广岛县和山口县。——译者注），当地的宫岛和广岛原爆遗址已经列

入世界遗产名录。太田川边有立于1972年的《大禹谟》碑。
7 臼杵市位于九州地区大分县东海岸，以国宝臼杵大佛和酱油而闻名。有《大禹后稷合祀之碑》。
8 照片提供者竹内义昭先生曾任第5届禹王祭暨禹王臼杵大会执行委员会事务局长。
9 电视节目《天皇诞生日 迎来伞寿》于2013年12月23日播出，时长45分钟，结合对相关人员的采访，介绍了平成天皇相关经历、支援受灾地区的活动以及对于和平的感想等。
10 日本的中国地区。——译者注
11 "桶"与"栋"的日语音读相同，故"桶"可能为"栋"之误。——译者注

后记

2018年10月26日,时值深秋,在天津南开大学主办的第四届周恩来国际研讨会上,我在发言时谈了这本书里的"岚山的周恩来"。我尽己所能实地探访了岚山,追寻着百年前的周恩来的足迹,在实证阐释基础上加上大胆推定,发表了对周恩来雨中二次游岚山的原由考。由于笔者运用大量资料挖掘出岚山的周恩来尚不为人所知的一面,获得了大家的关注。

两天后的28日,我应邀拜访了在北京的瑞典大使。瑞典是最早承认新中国并缔结邦交的西方国家。在登上国际舞台的周恩来总理兼外交部长眼中,瑞典是一个非常难得的友好国度。现任瑞典大使林戴安(Anna Lindstedt)一直十分关注周恩来,知道我到了北京,一并邀请了周恩来亲属周秉德、周秉宜二位女士做客大使官邸。我亦觉得机会不易,同周秉德、周秉宜二位女士取得了联系,她们爽快地答应了——我因为考察周恩来同日本的关系,十余年前就经常受教于二位。

林戴安大使带我们参观了大使官邸,有一张特地配上镜框的照片摆放在显眼位置。这是周恩来签名照,旁边还有日期"1955年9月16日"。瑞典同中国建交则是在1950年5月9日。我们很快聊到了包括周恩来国际研讨会在内的诸多领域,其中关于周恩来的话题一个接着一个。自不必说,这是一次非常有意义的恳谈交流。也是本书所提到的实践人民外交的宝贵体验。

2018年10月28日,同手持周恩来照片的瑞典大使合影留念。大使右侧为周秉德女士,左侧为周秉宜女士。笔者(王敏)为右起第二人。(于瑞典大使馆大使官邸)

这部拙稿成书延迟,给很多人增添了诸多负担。2018年6月,我走路时摔倒,右手腕骨折了。第二天就要去上海参加中日和平友好纪念四十周年研讨会(中国社会科学院、中华日本研究学会、复旦大学合办),来不及治疗就出发了。有的时候真是难以忍耐疼痛,但由于上述周恩来国际研究会参会论文截稿时间是8月底,所以不得不与骨折造成的困难格斗。很长时间只能用左手一字一字敲入电脑。

在这样的情况下一直支持着我的,除了家人们,还有王敏研究室的青年学者谭艳红、孔鑫梓、徐仕佳、相泽琉璃子,中国学者杨明伟、高长武、徐行、陈兆忠、常松木、邱志荣、王晓芳、林观潮、胡欣。一并致谢。

谨以此书向周恩来亲属周秉德、周秉宜、任长安致以崇高的敬意。

向黄檗文化促进会林文清会长夫妇及念家圣秘书长表示由衷的感谢。

我还要感谢以下单位和团体的协助。

日本:治水神禹王研究会、法政大学国际日本学研究所、鹿岛和平研究所、大平财团、奈良县立大学及其东亚讲座、NHK出版社、国立公文书馆、汉字检定委员会、东亚文化交涉学学会、日中友好会馆、别府大学、亚洲太平洋旅行社等。

中国：国际儒学联合会、尼山圣源书院、周恩来祖居纪念馆、中央文献研究室、南开大学周恩来研究中心、浙江越秀外语学院、清华大学东亚文化讲座、北京大学历史学系、中国社科院世界史研究所和日本研究所、在日中国企业协会、中国大使馆教育处等。

瑞典驻华大使馆，斯德哥尔摩大学，位于香港的香港大学饶宗颐研究院、孔教学院、粤港澳大湾区青年总会，明报月刊、世界华文旅游文学联会等。

感激不尽，谢谢大家。

最后，我还要诚挚感谢启发我支持我的中国全国政协原外事委员会主任赵启正先生、《巴黎的周恩来》（日本中公丛书，1992年）一书的作者、日本原驻法大使小仓和夫先生，三和书店的高桥考社长。

2019年3月3日，梅香四溢之时
王敏于东京

王敏简历

研究方向：比较文化学、东亚文化关系学、国际日本学、宫泽贤治研究。

1954年出生于河北省承德市。1977年大连外国语大学日语系毕业，1981年结业于中国文革后试创学位制度的研究生试点班／四川外国语大学日本学专业。1982年1月作为中日两国政府共同试点首创、通过日语论文审查的人文科学领域公派研究生，享受日本国费奖学金留学国立宫城教育大学、2000年获取国立御茶水女子大学人文科学博士。现为日本法政大学国际日本学研究所教授，兼任日本的国立新美术馆评议委员、日中关系史学会评议委员、治水神禹王研究会顾问、龟则财团理事以及韩国的韩中日比较文化研究所客座研究员。中国兼任：香港主创的世界华文旅游文学联会副理事长、上海交通大学、天津大学、同济大学与中国社科院日本研究所和世界史研究所等研究机构的客座教授。

历任兼职／日本：
首相恳谈会（推进国际文化外交）委员、内阁推進国際文化交流委員会委员、国土交通省国際文化旅游委员会委员、日本国际笔会中心国际委员、亚洲映视奖审查委员、朝日新闻亚洲网络召集人、日本论坛副主编、上海国际博览会日本馆审查委员会委员、日本华文文学笔会创会会长、东亚文化交涉学会会长、早稻田大学和关西大学以及青山学院大学等客座教授。

主要获奖：
1990年获中国文化部、广播电视部、教育部等八大部委联合颁发的翻译奖。

1992年获日本"山崎学术奖"、1997年获"岩手日报文学奖贤治奖"、1996年获第7届亚洲映视节奖、2009年获日本文化厅长表彰。在以上日本奖项中均为首次获奖的华人。
2015年获日本国际文化交流最高贡献奖，2016年获日本社会文化贡献奖。

王敏中外著书180部
详见网站【http://kenkyu-web.i.hosei.ac.jp/Profiles/20/0001902/title_book1.html、】

日本出版的主要专著：
《岚山的周恩来》（三和书籍）、《己所不欲勿施于人的公共伦理》（三和书籍）《大禹和日本人》(NHK出版)、《周恩来的日本留学》（三和出版）、《吉祥12属释典》（实业之日本社）、《宫泽贤治的中国心》（岩波书店）、《谢谢！宫泽贤治》（朝日新书）、《宫泽贤治和中国》（国际语言文化振兴财团）、《花语中国心》（中公新书）、《中国吉祥图典》（东京堂出版）、《中国人的跨历史性思维》（东洋经济新报社）、《互为参照的中日关系》（勉诚出版）、《中国人对日双重性情感之分析》（ＰＨＰ新书）、《中日比较·生活文化考》（原人舍）、《中国人的爱国心》（ＰＨＰ新书）、《君子之交》（中央公论社）、《中日文化差异的深层分析》（朝日新书）、《中国与日本》（中公新书）、《中国历代皇帝人物事典》（河出书房新社）、《中国历代王朝秘史》（河出书房新社）。主编日本研究丛書《东亚视野中的日本文化》七卷等。
古典改写本有：《三国演义》《西游记》《红楼梦》等。
主要译作有：《孔雀舞》《版纳之恋》《无言的爱》《战场日记》以及少数民族故事系列等。

中国出版的主要专著译著：

《十国前首相论〈全球公共伦理〉》《汉魂与和魂》《留日散记》《生活中的日本》《异文化理解》《多元文化社会》《黄瀛》《宫泽贤治与中国》《宫泽贤治杰作选》《日本文化论的变迁》《国际安徒生奖获奖丛书》《银河铁道之夜》《宫泽贤治的鸟》等等。

中日文为主的论文 190 余篇

详见网站【http://kenkyu-web.i.hosei.ac.jp/Profiles/20/0001902/theses1.html】

难忘日本!
岚山的周恩来

平和的実践叢書 2

2019年4月25日 第1版第1刷発行 　著者　王　敏

©2019 wanmin

発行者　髙橋　考
発　行　三和書籍

〒112-0013　東京都文京区音羽2-2-2
電話 03-5395-4630　FAX 03-5395-4632

info@sanwa-co.com
http://www.sanwa-co.com/
印刷／製本　日本ハイコム株式会社

乱丁、落丁本はお取替えいたします。定価はカバーに表示しています。
本書の一部または全部を無断で複写、複製転載することを禁じます。

ISBN978-4-86251-375-5